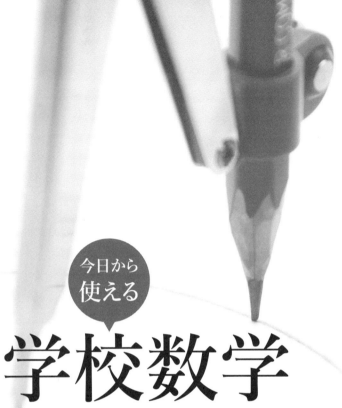

今日から使える

中学校数学
指導技術
アイデア事典

51 Skills for the Teachers of Mathematics

『数学教育』編集部 編

明治図書

はじめに

　大学の教育学部へ異動して，４年目になりました。「よりよい授業づくり」を研究テーマの１つにしており，ゼミ生とともに，様々な文献から指導技術を抜き出して整理しています。ゼミでは，それを活用して模擬授業を行い，その効用を確かめたり，その技術を活用するときの留意点をまとめたりしています。また，ゼミ生は，ゼミでの学びを生かし，教育実習に臨んでいます。

　指導者である私は，ゼミ生の授業を参観し，指導助言をしています。その中で，改めて確信したことがあります。

> 基本的な指導技術を活用して授業を行うと，学生でもよい授業ができる。

　もちろん，自分自身のこれまでの授業，管理職となって見てきた数々の授業，指導助言をさせていただいている顧問校の授業を見て，「豊かな授業を生み出すためには，基本となる指導技術が重要である」と考えてきましたが，ゼミ生の教育実習での授業を見て，揺るがない確信となりました。

　あるゼミ生から，「校長先生から『授業がとても上手だ。実習が終わっても，我が校に引き続き来てほしい』と言われた」と連絡がありました。校長先生が，励ます意味も込めてヨイショされていると感じないのは，大学生とは言え，まだまだ子どもだな…と思いながら，その学生の数学授業を見に出かけました。

　授業が始まって驚きました。校長は本気で言っておられたのだと思う授業が展開されたのです。

　問題提示場面では，「『こういう場合はどうだろうか』とつぶやいていた人がいました」と，前時の学習内容から問題を提示しました。前時とのつながりを一気に生み出す指導技術の１つです。

自力解決場面では，ゼミでの模擬授業で体験した「○つけ法」を行っていました。正答にたどり着いていない生徒にも途中経過を認めて○をつけ，考えるとよい視点を与えていました。それまでの授業でも１時間に一度は○つけ法を行っていたとのことで，生徒がゼミ生に○をつけてもらうことを楽しみにして待っていました。一人ひとりの生徒に，短い言葉ですが，声をかけているゼミ生を愛おしくも思えました。

　話し合い場面では，野口芳宏先生の手法を活用して，「発表された考えに対して，賛成の人は○，反対の人は×をつけなさい」をスタートとして，話し合わざるを得ない場面を生み出していました。

　こうした場面を目の当たりにして，指導技術の習得は欠かすことができないものだと改めて強く感じたのです。同時に，ゼミ生を指導していただいている教育実習担当校の先生の力量も相当なものだと思いました。

　もちろん，指導技術を習得する以前に，「よりよい授業をしたい」という強い思いが必要です。本書で紹介されている51の数学の指導技術は，すべて一人ひとりの先生のそうした思いがあって生まれたものです。だからこそ，明日から活用していただけるものばかりなのです。

　若い先生からベテランの先生まで，幅広く活用していただける良書として，自信をもっておすすめします。

　2018年６月

　　　　　　　　　　　　　　　　　　　　　　　玉置　　崇

はじめに

第1章 数学授業ならではの指導技術を学び,使いこなそう

1	数学授業ならではの指導技術とは	……8
2	「問題提示」における数学の指導技術	……9
3	「自力解決」における数学の指導技術	……10
4	「話し合い・発表」における数学の指導技術	……11
5	「振り返り・まとめ」における数学の指導技術	……12

第2章 今日から使える数学の指導技術 51

問題提示

主体的に問題にアプローチさせる技術❶——一部を□□にする	……14
主体的に問題にアプローチさせる技術❷—条件不足にする	……18
主体的に問題にアプローチさせる技術❸—条件を複雑にする	……20
主体的に問題にアプローチさせる技術❹—オープンエンドにする	……22
主体的に問題にアプローチさせる技術❺—問題づくり	……24
全員が授業に参加できるようにする技術—比較提示	……26
問題への興味・関心を高める技術 ——計算問題のしかけ	……28

CONTENTS
もくじ

自力解決

手が止まっている生徒に考えるきっかけを与える技術 ……30
ペア対話を有効に活用する技術 ……32

話し合い・発表

考えをつなぎながら話し合いを展開する技術 ……34
苦手な生徒を話し合いに参加させる技術 ……38
グループ学習を有効に生かす技術 ……40
誤答や誤認識を生かす技術 ……44
生徒の発表のハードルを下げる技術 ……46
発表をアクティブにするツール活用の技術 ……48

振り返り・まとめ

新しい考えや発展につながる振り返りの技術 ……52
問題の解決過程で行うまとめの技術 ……56
学習感想を有効に活用する技術 ……58

教材・教具づくり

日常や社会の事象を数学の教材に変身させる技術❶（図形） ……60
日常や社会の事象を数学の教材に変身させる技術❷（関数） ……64
日常や社会の事象を数学の教材に変身させる技術❸（データの活用） ……68
生徒の理解を助ける教具づくりの技術❶（数と式） ……72
生徒の理解を助ける教具づくりの技術❷（図形） ……74
生徒の理解を助ける教具づくりの技術❸（関数） ……76

導入

授業モードに素早く切り替えるアイスブレイクの技術（1年）	……78
授業モードに素早く切り替えるアイスブレイクの技術（2年）	……82
授業モードに素早く切り替えるアイスブレイクの技術（3年）	……86

発問

問題から課題を設定する技術	……90
意味を考えさせる技術	……92
理由や根拠を引き出す技術	……94
見方・考え方を働かせることができるようにする技術❶（数と式）	……96
見方・考え方を働かせることができるようにする技術❷（図形）	……98
見方・考え方を働かせることができるようにする技術❸（関数）	……100
見方・考え方を働かせることができるようにする技術❹（データの活用）	……102
問題解決を振り返りながら発展・一般化を促す技術	……104

板書

授業の流れをわかりやすく示す技術	……106
ねらいに応じて構造的に示す技術	……108
見方・考え方を可視化する技術	……112
生徒の考えを関連づけながらまとめる技術	……114
ICTを効果的に活用する技術	……118

CONTENTS
もくじ

学習形態

スタンドアップ方式を活用する技術	……122
コの字型机配置＋4人グループ学習を活用する技術	……124
ジグソー学習を活用する技術	……128
スモールティーチャーを活用する技術	……132

ノート指導

学習内容をすっきり整理させる技術	……134
思考の過程をノートに残させる技術	……136
計算などのミスを生じにくくする技術	……138
ノートの点検・評価で意欲を高める技術	……140

特別支援

計算ミスが多い生徒への支援の技術	……142
問題文を読み飛ばしてしまう生徒への支援の技術	……144
じっと座って学習することができない生徒への支援の技術	……146

第1章 数学授業ならではの 指導技術を学び，使いこなそう

岐阜聖徳学園大学教授　玉置　崇

1 数学授業ならではの指導技術とは

なぜ，「数学授業ならでは」の指導技術が必要なのでしょうか？
そのわけは，次のひと言に尽きます。

> 　数学ができる教室にするためには，数学授業ならではの指導技術が必要。

　数学は系統的な学問です。そのため，他教科以上に以前の学習内容を基にして授業を進めることが必要です。このことを踏まえた指導技術の1つに，次の発問があります。
　「先生は，次に何と言うと思う？」
　「先生は，次にどのような問題を出すと思う？」
　この発問は，数学授業ならではの発問です。
　例えば，「三角形の内角の和は180度である」ことが論理的に明らかになったら，生徒から「今度は四角形や五角形などの内角の和を調べてみたい」「多角形の内角の和を調べてみたい」などという発言を引き出したいものです。この発問は，そういった発言を引き出す指導技術です。
　こうした発問を繰り返していると，発問する前に，生徒の方から「先生，今度は条件を変えるのですよね」「他の場合もあるか考えるのですよね」などと，生徒自らが次の授業展開を考えるようになります。つまり，生徒たち

自身で数学ができる教室に変容していくのです。こうした教室をつくるためにも，数学授業ならではの適切な指導技術を進んで学び，身につけるべきなのです。

　教師が「それでは，次に多角形の内角の和を考えます」と提示する場合と比較してください。こうした展開を続けていると，生徒はいつも指示を待ち，自ら数学を発展させていこうという気持ちをもつことはありません。数学をやらされている生徒しか育たないのです。

2 「問題提示」における数学の指導技術

　数学授業で問題を提示する際，生徒に「（主体的に）問題に取り組んでみよう」という気持ちにさせることは重要です。本書では，そのための様々な問題提示の技術を紹介しています。

　例えば，一部を□にして，生徒を主体的に問題にアプローチさせる技術があります。

　例えば，次のように問題を提示します。

姉は日記を始めて今日でちょうど45日目です。妹は13日目です。
姉が日記を書いた日数が妹の□倍となるのは，いつでしょう。

　いわゆる年齢算で，一般的には，「３倍となるのはいつでしょう」などという問題です。

　あえて「□倍」とし，予想させるような問い方をすることで，生徒の問題への食いつき方が，俄然変わってきます。

　「□倍とありますが，２倍，３倍，４倍…となるときはあるでしょうか？」と発問すると，「ならない場合もあるのかな…」と生徒は思い始めます。

　また，「何倍まで考えることができるでしょう？」と発問したこともあります。ある生徒は深く考えず，「1000倍」と答えました。そのときは，すか

第1章　数学授業ならではの指導技術を学び，使いこなそう　9

さず「そんなことはない」と反論が出ました。「日記はそんなに続かない」という教室に笑いを起こす発言もありました。

3 「自力解決」における数学の指導技術

　自力解決場面で行き詰まっている生徒へのかかわり方は，数学教師なら誰もが悩むものです。その生徒の学力，日頃の授業態度等に配慮して対応しておられるのではないでしょうか。

　本書には「手が止まっている生徒に考えるきっかけを与える技術」等が紹介されていますが，愛知教育大学名誉教授の志水廣先生が提唱されている「○つけ法」という指導技術もあります。

　自力解決の場面になったら，教師が生徒の取組の状況をつかみ，途中段階においてもほめることを目的として行う技術です。このときに大切になるのは「声かけ」です。

　「なるほど。線を引いて考えたんだ」

　「長方形と正方形に分けたんだね。いいね」

　「これなら昨日の考え方が使えるね。わかりやすい」

　などと，その生徒の取組を価値づけるように短く声をかけながら，生徒全員に○をつけるのです。このとき，声はどの生徒にも聞こえる大きさで出します。志水先生は，この方法を「オープンカンニング」と言います。行き詰まっている生徒が，先生の発する言葉を耳にして，線を引いたり，前の考え方を思い出したりして，少しでも動くことができるようにするためです。

　志水先生は，「自力解決では，誰もが何らかの考えをもつことが大切で，そのための方法が『○つけ法』です」と言われます。

　この技術を活用すると，少なくとも生徒の側へ教師が行き，ひと声かけることができるわけですから，生徒と教師との良好な関係づくりにも大きな効果があります。

4 「話し合い・発表」における数学の指導技術

　生徒が話し合いを通して，数学の力を高めている様子を見ることができるのは，数学教師としての大きな喜びの１つでしょう。そのための指導技術はいくつかあります。

　かつて担当した学級に，数学がとても得意で，すぐに答えを発してしまう生徒がいました。一人ひとりに考える時間を与えようと思っていても，その生徒がすぐに正解をつぶやいてしまうのです。その生徒の発言があると，教室に「もう考えなくていいや」という雰囲気が生まれるようになってしまいました。

　読者の先生方は，こんな生徒にどのように指導されているでしょうか？

　私は，まず個別指導を行いました。

　「君には君の活躍するところがあるんだよ。先生は，君に単純な計算の答えを発表してほしいなんて思っていないよ。君には，誰もが苦しんで困っている場面で，打開策を発表してほしいんだ。そのときは，先生から合図を送るからね。頼むぞ」

　と，生徒のよさを大いに認めたうえで，発表場面を指示することを伝えました。つまり，この生徒に意図的指名という指導技術を使うことを直接伝えたのです。

　それから，その生徒は変容しました。自分が活躍すべきところを理解したのです。見通しがもてない場面で指名すると，ほどよいヒントを出してくれます。私が条件提示を忘れていると，「x はすべての数でいいのですか？」などと，鋭いツッコミを入れてくれます。

　このように指導技術は全体に活用する場合だけでなく，個別に使う場合もあるのです。

第1章　数学授業ならではの指導技術を学び，使いこなそう　11

5 「振り返り・まとめ」における数学の指導技術

　生徒に授業の振り返りをさせる場面が，ますます重要になってきました。新しい学習指導要領において，授業改善の方向として「主体的・対話的で深い学び」が提唱されましたが，このことを具現化するためには，振り返りがポイントになるからです。

　まずは数分間でもよいので，授業の終末に，学んだ事柄（活用した見方・考え方が書けるとよい＝深い学び）や，感じたこと，次回に取り組んでみたいこと（＝主体的）を書かせるようにしましょう。

　そのうえで，この振り返りを次時以降の授業で，意図的に取り上げるのです。

　「○さんは，『今度は，係数を分数にして計算できるか確かめたい』と書いていました。いいですね。学習したことを発展させようとしています。今日は，○さんの考えを共通の課題にしましょう」
などと価値づけるのです。

　振り返りの赤入れは，時間短縮のために，記号化（花丸，二重丸，アンダーライン等）しておくとよいでしょう。赤入れは，続けることが何より大切です。

　こうした指導を実践することで，ますます自分たちで数学ができる教室に変容していくことでしょう。

第2章 今日から使える数学の指導技術 51

問題提示 ……14

自力解決 ……30

話し合い・発表 ……34

振り返り・まとめ ……52

教材・教具づくり ……60

導入 ……78

発問 ……90

板書 ……106

学習形態 ……122

ノート指導 ……134

特別支援 ……142

問題提示

主体的に問題にアプローチさせる技術❶

一一部を □ にする

POINT

- ●基本パターンに基づいて問題をつくる
- ●発展的な問題をつくる
- ●生徒に問題づくりをさせる

　連立方程式の文章題を例に，一部の条件を変えながら，いろいろな問題に取り組ませる方法を紹介します。同じパターンの文章でも，条件を変えるだけで様々な問題をつくることができ，苦手な生徒でも意欲的に取り組めます。

1 基本パターンに基づいて問題をつくる

> 　健二さんが，1個80円のみかんと1個150円のりんごをいくつか買ったら，代金は　 ア 　円だったそうです。
> 　 イ 　そうです。
> 　みかんとりんごをそれぞれ何個ずつ買ったでしょうか。

上の基本パターンに基づき，最初は，基本となる次の問題を提示します。

> 　健二さんが，1個80円のみかんと1個150円のりんごをいくつか買ったら，代金は 1080円 だったそうです。
> みかんとりんごを合わせて10個買った そうです。
> 　みかんとりんごをそれぞれ何個ずつ買ったでしょうか。

14

$$\begin{cases} 80x + 150y = 1080 & \cdots ① \\ x + y = 10 & \cdots ② \end{cases} \qquad x = 6, \ y = 4$$

　みかんの個数を x とすると，りんごの個数を（$10-x$）個と表すことができるため，一次方程式の学習で扱われることも多いですが，ここでは，みかんの個数を x 個，りんごの個数を y 個として連立方程式をつくることを指示し，2つの条件から2つの二元一次方程式を立式することを目指します。ただし，立式できても，数値が大きすぎて解くことができない生徒がいるので，提示する数値や条件は生徒の実態に応じたものとしましょう。

2 発展的な問題をつくる

　次に発展的な問題例を5つ紹介します。1時間の授業ですべてを扱うことは難しいため，取り上げる条件は生徒の実態に応じて選んでください。

　1つめの二元一次方程式は，基本問題と同じパターンなので立式は容易ですが，2つめの二元一次方程式は，条件によってその難易度が変化します。連立方程式の文章題は，2つの方程式をつくらなければならないところに難しさがあります。1つの式の立式に集中させながら，連立方程式をつくることに慣れさせましょう。なお，すべての問題において，みかんの個数を x 個，りんごの個数を y 個として連立方程式をつくることにします。

---

❶　健二さんが，1個80円のみかんと1個150円のりんごをいくつか買ったら，代金は 1310円 だったそうです。
　 みかんはりんごよりも2個多く買った そうです。

$$\begin{cases} 80x + 150y = 1310 & \cdots ① \\ x = y + 2 & \cdots ② \end{cases} \qquad x = 7, \ y = 5$$

　②の他に，$x - 2 = y$，$x - y = 2$ といった式をつくる生徒もいます。基本問題はほとんどの生徒が加減法で解くのに対し，この問題は加減法で解く生徒と代入法で解く生徒が混在します。

第2章　今日から使える数学の指導技術51　15

❷ 健二さんが，１個80円のみかんと１個150円のりんごをいくつか買ったら，代金は 1370円 だったそうです。

りんごの個数はみかんの個数の２倍よりも１個少ない そうです。

$$\begin{cases} 80x + 150y = 1370 & \cdots ① \\ y = 2x - 1 & \cdots ② \end{cases} \qquad x = 4, \ y = 7$$

発展問題❶よりは代入法で解く生徒が多いものの，中には②の式に $2x - y = 1$ をつくって加減法で解く生徒もいます。２つの解き方を比べながら，加減法，代入法それぞれの特徴を確認していくとよいでしょう。

❸ 健二さんが，１個80円のみかんと１個150円のりんごをいくつか買ったら，代金は 1230円 だったそうです。

みかんの個数の２倍は，りんごの個数から１ひいて３倍したものと同じになる そうです。

$$\begin{cases} 80x + 150y = 1230 & \cdots ① \\ 2x = 3(y - 1) & \cdots ② \end{cases} \qquad x = 6, \ y = 5$$

イの条件の文章が長々と書かれているため，構造を理解するのに苦しむことでしょう。②はかっこを含む方程式となるため立式は難しく，正答率は発展問題❶，❷よりも低くなります。

❹ 健二さんが，１個80円のみかんと１個150円のりんごをいくつか買ったら，代金は 990円 だったそうです。

みかんの個数とりんごの個数を逆にしたら，代金は850円だった そうです。

$$\begin{cases} 80x + 150y = 990 & \cdots ① \\ 150x + 80y = 850 & \cdots ② \end{cases} \qquad x = 3, \ y = 5$$

　②の式をつくるためにどちらが x でどちらが y になるか混乱します。また，加減法で解こうとするものの，係数を何にそろえていいか戸惑ってしまう生徒が出てきます。公倍数について復習するには絶好の機会でしょう。

　健二さんが，1個80円のみかんと1個150円のりんごをいくつか買ったら，代金は　1010円　だったそうです。

　みかん2個をりんご1個にかえてもらったら代金は1000円になった　そうです。

$$\begin{cases} 80x + 150y = 1010 & \cdots ① \\ 80(x-2) + 150(y+1) = 1000 & \cdots ② \end{cases}$$

　条件の意味を理解し，立式することがとても難しい問題です。しかも，せっかく立式できたのに連立方程式を解くことができないのです。今まで連立方程式で解を導き出してきた生徒からは驚きの声が上がるはずです。条件によっては解くことができない場合があることを実感できる問題です。

3 生徒に問題づくりをさせる

　いくつかの発展問題に取り組んだ後，今度はアとイに入る数値や条件を考えて，生徒自身が問題をつくる活動を取り入れてみましょう。もちろん，最初から問題づくり，条件づくりから入っても構いません。いずれにせよ，生徒はとても意欲的に問題をつくります。今までの問題を参考にしながら，同じような状況で数値を変えてみたり，新しい状況を生み出してみたり，あの手この手で問題をつくります。イの条件を考えてもアに入る代金がなかなか決まらずに困ったり，つくった連立方程式の解が小数になってしまってやり直すこともあります。生徒と一緒に文章題づくりを楽しんでみましょう。

（大友　正純）

問題提示

主体的に問題にアプローチさせる技術❷
―条件不足にする

POINT

●曖昧さを顕在化する
●共通な事柄を問いかける

　数学の問題の条件を，意図的に不足させたり，曖昧にしたりして提示する
指導には，次のようなねらいがあります。
①解が求められない，一意に定まらないなどの経験を通して，仮定や前提と
　結果や結論との関係の理解が深まる。（足りないものを考察する）
②曖昧な条件や手続きなどを基に，数量や図形のもつ性質や関係の一般性を
　見いだしたり，実感したりする。（自由に設定し考察する）
③日常や社会の事象に対して，自ら条件や仮定などを設定し，定式化するな
　ど，数学的な問題解決の力を身につけていく。（みなして考察する）

1 曖昧さを顕在化する

　ここでは，上記の②について，2年生の事例で説明します。

　　3桁の整数があります。この整数の各位の数字を入れ替え，もう1つ
3桁の整数をつくります。2つの整数の差はどんな数になるでしょう。

　3桁の整数を任意に設定します。2桁であれば十の位と一の位の数字を入
れ替えますが，3桁ではそれが一意ではなくなります。問題集などでは，百
の位と一の位，とするものも多いのですが，そこをあえて曖昧にします。
　当然，生徒は迷います。そこで一言。「好きなように入れ替えてごらん」

18

2 共通な事柄を問いかける

様々な入れ替えがなされ，当然，その差も分かれます。何人かに計算結果を発表させ，板書し，そして問いかけます。

例）628

$$
\begin{array}{r} 628 \\ -\ 268 \\ \hline 360 \end{array}
\qquad
\begin{array}{r} 682 \\ -\ 628 \\ \hline 54 \end{array}
\qquad
\begin{array}{r} 862 \\ -\ 628 \\ \hline 234 \end{array}
$$

> （求めた差に）共通しているものは何だろう？

思い思いに入れ替えているからこそ，生徒はこの問いに注目するでしょう。まわりを見回し，観察を始める生徒もいるはずです。

> なぜ，いつもそうなるのだろうか？
> いつもそうなると本当に言ってもよいだろうか？

9の倍数になることはきっと生徒からも出てくるでしょう。その理由について，文字を使って説明していきます。入れ替えるパターンをグループごとに分担して調べるとよいでしょう。

また，最初の3桁の整数自体も，生徒に自由に決めさせてもよいかもしれません。条件がより緩やかになった分，そのすべてが9の倍数になっていることに，驚きもより一層大きくなるかもしれません。

このような展開は，教科書の様々な数や図形の関係や性質についても仕組むことができます。「好きなところに点を決めてごらん」「好きな長さで試してごらん」など，条件の自由度が大きい分，戸惑う生徒もいるかもしれませんが，「いつも必ず…になるんだ」という実感は強くなります。「だったら，4桁にしても何かあるかもしれない」などと，関係や性質をさらに発展し統合することもできれば，より深い学びが促されることになるでしょう。

（山崎　浩二）

問題提示

主体的に問題にアプローチさせる技術 ❸
―条件を複雑にする

POINT

- ●理想化，単純化したり，条件を捨象したりする
- ●振り返りを通して，本質となるものを見いださせる

　数学の問題の条件を必要以上に多くしたり，複雑な状況のまま提示したりする指導には，次のようなねらいがあります。

①問題を解決する際に必要となる事柄や条件を顕在化する。（必要となるものを考察する）

②問題のもつ本質を見いだす。（結果に影響するものを考察する）

③日常や社会の事象に対して，自ら条件や仮定などを設定し，定式化するなど，数学的な問題解決の力を身につける。（事象を数学化して考察する）

1 理想化，単純化したり，条件を捨象したりする

　ここでは，上記の③について，1年生の事例で説明します。

> 30人のクラス全員で伝言ゲームをする際の所要時間を予想しよう。

　日常の事象には，現実ゆえの複雑な条件や要素が数多く含まれています。そのため，そのまま数学を使って処理するには困難を伴うことが少なくありません。そこで，事象をある程度理想化，単純化するなどの条件や仮定を設けることで，数学的に解釈したり，表現したりしやすくする必要があります。つまり，数学の問題として「定式化」していきます。伝言する言葉の文字数や伝言する順番などを決めたり，どうすればうまく予想できるかを考えたり

20

しながら，予想時間を算出していくことになります。例えば，次のような方法が考えられます。

・１人あたりの伝言する時間を，実際に計測して得たデータの平均値を求め，それを30倍する。
・５人で伝言する時間を計測し，それを６倍する。

　これらは，いずれも人数と時間を比例の関係と見なし，その仮定のもとで算出したものです。他にも，例えば，聞き返しや何らかのアクシデントも想定するなど，事象に対してさらに検討し，加味することも考えられます。単純化したり，あえて考えないことにするなどの判断も必要です。こうして，予想値を算出し，実際にゲームを行って，結果を比べてみます。

2 振り返りを通して，本質となるものを見いださせる

> よりよいものにするためには，どうすればよいだろうか。
> 必要となった条件は何だろう。

　予想と結果を照らし合わせ，その食い違いが大きければ，当然，原因を探ることになります。

　「平均値の出し方をもっと工夫した方がよい」「聞き返しをさらに考慮すべき」など，最初に定めた条件を見直したり，捨象したものを再検討したりするなどして，改善点を明らかにし，再試行へと向かうとよいでしょう。たとえ結果が予想値に近かったとしても，さらに精度を上げる方策を練ることも必要ですし，あるいは伝言する文字数や人数を変えた場合に挑戦することなども考えられます。

　結果を得ることだけを目的とするのではなく，その結果や過程を振り返ることが大切です。結果に影響を与えるものを考察したり，よりよく改善を図ったりすることで，問題の本質を見いだそうとしていくことが大切です。

(山崎　浩二)

第２章　今日から使える数学の指導技術51　21

> 問題提示

主体的に問題にアプローチさせる技術❹
―オープンエンドにする

POINT
- 成り立ちそうな関係や性質などを見つけさせる
- 流暢性，柔軟性，独創性などの観点で評価する

　数学の問題をオープンエンドにするとは，正答が幾通りも考えられる問いかけにすることです。オープンエンドにすることで，多様な見方・考え方や発見的・創造的な態度を促すとともに，数学の知識を総合して活用する場にすることができます。数学的な見方・考え方や数学的な発想の豊かさの評価を可能にすることなども期待できます。

1 成り立ちそうな関係や性質などを見つけさせる

　オープエンドの問題には，「関係や性質などを発見するもの」「観点を決めて分類するもの」「数値化や数量化するもの」の3タイプがあります。ここでは，関係や性質などを発見するものについて3年生の事例で説明します。

　平行四辺形 ABCD の辺 BC，DC の中点をそれぞれ M，N とし，AM と AN と BD との交点を E，F とする。このとき，図から成り立ちそうな関係や性質をできるだけたくさん見つけてみよう。

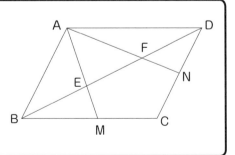

　教科書に見られる証明問題の多くは，「…を証明しなさい」と問われます

が，オープンエンドにすることで，自ら図形をより深く見て調べることになります。この図からは，例えば，次のような関係や性質が見いだせます。

●角に関すること

$\angle$ ADE ＝$\angle$ MBE，$\angle$ AED ＝$\angle$ MEB　など

●辺の比に関すること

AE：ME ＝ DE：BE，AB：DN ＝ AD：BM，

AE：ME ＝ AF：NF，MN：BD ＝１：２　など

●相似に関すること

$\triangle$ ADE $\infty\triangle$ MBE，$\triangle$ CMN $\infty\triangle$ CBD　など

●面積に関すること

$\triangle$ DNF：$\triangle$ BAF ＝１：４，$\triangle$ ABE：$\square$ABCD ＝１：６　など

●辺に関すること

BE ＝ EF ＝ FD，MN//BD　など

　発表されるものは，単純なものでもまずはほめてあげることが大切です。生徒が自ら発見したこと自体を認め，価値づけてあげるとよいでしょう。

2 流暢性，柔軟性，独創性などの観点で評価する

> 本当に成り立つだろうか？

　例えば，BE ＝ EF ＝ FD などは，一見判断が難しいものです。でも，自分たちで見つけたものゆえに確かめる必然性も生まれます。証明では，AE：ME ＝ DE：BE など，見つけた中のものを使ったり，それらをつなげたりすることもできます。証明の仕組みを構造的に見る機会にもなるでしょう。

　オープンエンドの問題を用いたときの評価には，正答の流暢性（答えをいくつ見つけることができたか），柔軟性（異なる見方をどれだけ思いついたか），独創性（他人の思いつかない答えをどれだけ思いついたか）などの観点で行うとよいでしょう。

(山崎　浩二)

第２章　今日から使える数学の指導技術51　23

主体的に問題にアプローチさせる技術❺
―問題づくり

POINT
- 基になる問題を与えて問題をつくらせる
- つくった問題を互いに解き合う場を設定する

　問題づくりは，生徒が関心をもって取り組む活動の1つです。しかし，ただ「問題をつくろう」と発問しても，どこから手をつけてよいか戸惑ったり，やみくもに複雑な問題をつくろうとしたりして，学習がしにくい活動になってしまうこともあります。ここでは，二次方程式の授業を例に，問題づくりをさせる際の工夫を紹介します。

1 基になる問題を与えて問題をつくらせる

　例えば，二次方程式の活用の授業で，次のような問題を解決したとします。

> 　右の図のように縦10m，横14mの長方形の土地に同じ幅の道路をつくり，残りを畑にしたところ，畑の部分の面積の合計が96m^{2}になった。このとき，道路の幅を求めなさい。

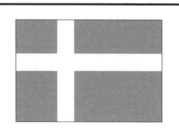

この問題を示しながら，次のように投げかけます。

> この問題の一部を変えて，新しい問題をつくろう。

変える部分には，次のようなものが考えられます。
・長方形の縦，横の長さ
・畑の部分の面積の合計
・土地の形
・道路の形
・求める数量
　生徒の実態に合わせて，どの部分を変えて新しい問題をつくるかを決めると，新しい問題がつくりやすくなります。

2 つくった問題を互いに解き合う場を設定する

　つくった問題を互いに解き合うことを前提に，次のように問い，相手意識をもたせます。

> 問題の設定が解く人にきちんと伝わるかな？

　このように問うことで，生徒は問題の言葉や図などの表現方法を工夫したり，条件不足がないかをチェックしたりしようとします。
　また，次のように問うことで，問題として適切な解答が得られるかをチェックさせることもできます。

> つくった問題の模範解答もつくろう。

　模範解答をつくるためには，自分自身で解ける問題にしなくてはなりません。いたずらに数字を大きくしたり複雑な設定にしたりすることを防ぐことができます。また，問題の解答を決めてから，問題の設定を決めるという，逆向きの発想も指導しやすくなります。

（田中　真也）

問題提示

全員が授業に参加できるようにする技術
―比較提示

POINT
- シンプルに「どちら（どれ）が〇〇か」を問う
- 逆転現象が起きるような第二の問題を提示する

　問題提示の極意は「生徒が問題に働きかける状況をいかにつくるか」ということです。生徒の姿で言えば，何かに気づいたときに発する「あっ」というつぶやき，疑問に感じたときの「えっ」，驚いたときや感動した際の「おー」などの反応になります。

　そのためにはどんな教師の「しかけ」がいるのでしょうか。ここではその1つ「比較提示」の方法を紹介します。

1 シンプルに「どちら（どれ）が〇〇か」を問う

　1年の空間図形の内容を例にとります。次のようなA，B2つの円柱を提示し，「どちらの体積が大きいか」を問います。

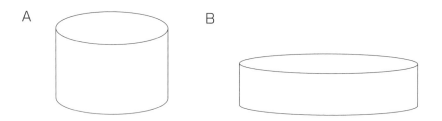

　しばらく待つと，生徒の中のだれかが「半径とか高さがわかれば体積はわかります」と働きかけてきます。

「じゃあ，どこの長さを知りたい？」

と問い返しながら，Aの円柱に半径3cm・高さ6cm，Bの円柱に半径4cm・高さ3cmを書き入れます。

「さあ，A，Bどっちの円柱の体積が大きいかな？」

と問います。

直感を頼りに挙手させると，だいたい半々です。中には，「同じになるのでは」と推測する生徒もいますが，答えを求めさせると，Aは54πcm^3，Bは48πcm^{3}になり，Aの円柱の体積が大きいことがわかります。

2 逆転現象が起きるような第二の問題を提示する

体積の次は，次のように問いかけながら表面積を比べます。

じゃあ，次はA，Bの円柱の表面積を求めてみよう。

底面積は円の面積が求められれば容易ですが，側面積は少し難易度が上がります。解決の見通しが立たない生徒のためにも，A，Bの展開図を準備しておく必要があります。

しばらくすると「あれっ，おかしい」「えっ，どこで間違ったかな？」などの声が聞こえてきます。実はAの円柱の表面積は54πcm^2，Bの円柱の表面積は56πcm^{2}になり，表面積はBの方が広くなる，つまり体積とは逆の現象が起こるのです。

中学生でも「体積が大きければ表面積も大きい」と思い込んでいる生徒は少なくありません。「あれっ，おかしい」というつぶやきは，その思い込みを表すものなのです。生徒たちの中には，何回も納得いくまで計算し直している者もいれば，早々に隣と相談し始める生徒も出てきます。

しばらくすると「やっぱり，これでいい」「体積はAだけど表面積はBだ」と納得した声が教室のあちらこちらから聞こえてきます。

(宮本　博規)

| 問 |題提示

問題への興味・関心を高める技術
—計算問題のしかけ

POINT

- ●班ごとや列ごとに一部を変えた問題を配付し，解かせる
- ●班ごとに黒板に答えを書き込ませ，違いを吟味する

　前項でも述べた通り，問題提示の極意は「生徒が問題に働きかける状況をいかにつくるか」ということです。生徒の姿で言えば，何かに気づいたときに発する「あっ」というつぶやき，疑問に感じたときの「えっ」，驚いたときや感動した際の「おー」などの反応になります。

　計算問題でも，ちょっとした「しかけ」をつくるだけで，俄然生徒の興味・関心が高まります。

1 班ごとや列ごとに一部を変えた問題を配付し，解かせる

　1年の一次方程式を例にします。習熟を図る場面においても，ただ問題を与え，解かせるのではなく，ちょっとした工夫を試みるのです。

　授業では次のような問題をプリントで提示します。

　次の一次方程式で，解が3になるものはいくつあるでしょう。

ア　$5x - 13 = 2x - 4$　　　　イ　$-6x + 9 = -3x$

ウ　$1 + 2(x - 3) = 1$　　　　エ　$7x + 9 = 3(x - 1)$

　まずは各自自力で取り組ませ，その後班で協力して解決するよう促します。

　班での解決が終了したら，解が3になった一次方程式の数を黒板の表に書き込ませるのです。

ただ，ここでちょっとした「しかけ」をします。3班と5班，それに7班のイの問題を「$-6x-9=-3x$」に替えておきます。微妙に「＋9」が「－9」に替わっています。パッと見ただけではわかりません。この替えた問題の解は「3」ではなく「－3」になります。

2 班ごとに黒板に答えを書き込ませ，違いを吟味する

　8班あれば次のように板書されます。

班	1	2	3	4	5	6	7	8
式の数	3	3	2	3	2	3	2	3

　上の問題で言えば，アの解は「3」，イの解も「3」，ウの解も「3」，そしてエの解は「－3」となるので，解が「3」になる一次方程式の数は「3」になります。しかし，それでは何もドラマは生まれないので，ここでは，3，5，7班の問題の一部を替えておいたのです。

　3班や5班，それに7班が黒板の表に「2」と書き込んだ瞬間，解が「3」になる一次方程式の数は「3つ」だと確信をもっている生徒たちの表情が一変し，「えーっ」と思わず声が出ます。そして，再び計算し直す班が出てきます。

　本当にそうか，もう一度確認してごらん。

　教師がそう言わなくても，多くの生徒は自ら調べ直しを始めます（ただ，何度やり直しても結果は同じなのですが…）。もちろん，問題プリントを比べる生徒が出てくると，「しかけ」が見破られるのは時間の問題になります。

　頻繁にやりすぎるとおもしろさは半減しますが，時折このようなトラップをしかけると，生徒たちの問題を吟味する目も育ってきます。

（宮本　博規）

第2章　今日から使える数学の指導技術51　29

> 自力解決

手が止まっている生徒に考えるきっかけを与える技術

POINT
- 逆向きに考えさせる
- 分類・整理して考えさせる

基本的ではあるけれど，大切な方法を紹介します。

1 逆向きに考えさせる

「逆向きに考える」とは，「一方向から見ていたものを反対方向から見直すときに使われる考え」です。その代表的な例を2年「図形の性質と証明」の内容で紹介しましょう。図形の性質を見いだし，それが正しいことを証明する方法について2年生で学習します。証明は，下の図のように，仮定から結論までの間につながりをつけていくことと言えます。

生徒たちの多くは，仮定から①の部分に目が行き，Aあたりで手が止まってしまいます。そのようなときに，常日頃から「逆向きに考える」ということを意識させておくとよいのです。ここでは，

> 結論が言えるためには，どのようなことが言えればよいのか。

と考えさせることで，証明する目途が立つことがよくあります。つまり，仮定から①へのつながりとともに，結論が言えるためには…と考えて結論に関

連した事柄に目が行き，その中で強く関連するアに着目するようになります。そうすれば，途中段階の思考する部分が絞られてくることがわかります。

　結論から考えていくような，「逆向きに考える」方法は，図形に限らず数式でも見受けられますし，問題を新たにつくり出していくときにも使っていくことができます。

2 分類・整理して考えさせる

　方程式を解くことはできても，方程式の利用問題は苦手という生徒が多く見られます。問題を読み終わっても，考えが進まず手が止まってしまうのです。そんなときに，「分類・整理する」というキーワードを思い出させるようにしておくとよいでしょう。「分類・整理する」という考え方は，いろいろな場面で使われますが，方程式の利用場面では，次のように言えます。

> 　問題文を図や表に分類・整理し，関係する数量や求める数量を書き込もう。

　つまり，図や表に整理することによって数量関係がはっきりしてきます。

　また，確率を求める問題で場合の数を数えるのに，あちこちに考えを巡らせているうちに手が止まってしまう生徒を見かけます。ここでも，樹形図や表に「分類・整理する」ことが，漏れや重なりを防ぐことにつながります。

　このように，「分類・整理する」ことが大きな武器になってくることを事あるごとに指導することが大切です。同じことを言っているうちに生徒の方は，「これも分類・整理してみよう」となっていくのです。

　ここに示した「逆向きに考える」「分類整理する」は，「条件替えをする」とともに，問題解決に有効なだけでなく，自分で問題を見いだすという問題設定にも有効であることは言うまでもありません。また，このようなヒントは困難にぶつかったときに，自分自身で思い起こせるようにしていきたいものです。毎度他からヒントをもらえるとは限らないからです。　　　（五十嵐一博）

> 自力解決

ペア対話を有効に活用する技術

> POINT
>
> ●多くの生徒が理解しているキーとなる事柄を説明させる
> ●生徒のよさを教師が具体的に見取って紹介する

　教師や大半の生徒にとっては当たり前の内容であっても，わかっていない生徒は必ずいます。ですから，前時までに何度も確認し理解させたはずのことであっても，勘違いしていたり忘れてしまったりする生徒がいるものだと思いながら授業を進めるべきです。そこで，キーとなる事柄をペアで対話して確認・理解させる工夫を紹介します。

1 多くの生徒が理解しているキーとなる事柄を説明させる

　三角形の内角の和が180°になることを，平行線の性質を基に説明する学習をするため，まずは次のような問いかけをします。

> 　三角形の内角の和が180°になる理由を，小学校ではどのように学習し，納得しましたか？

　通常は数名の生徒を指名し，全体の場で発表させることが多いでしょう。しかし，それでは発言できる生徒は限られます。また，小学校で習った方法では内角の和が180°になる理由として不十分なわけを学習することになるので，だれかの発言を聞くだけではなく，自身の記憶をたどって，まずは小学校での学習内容を全員が思い出すことが求められます。
　そこで，隣同士のペアで自由に説明し合う機会をつくり，多くの生徒に発

32

信する機会を与えます。

　ペアでのやり取りのすべてを教師が聞き取ることはできませんが，生徒の表情で，どのような活動が行われているのかを判断することはできます。この活動の後なら多くの生徒が挙手しやすく，発言しやすいムードが教室に生まれます。教師が慣れてくれば，机間指導の中で，活動の様子からだれをどういう順番で指名するのかを考えることもできます。

2 生徒のよさを教師が具体的に見取って紹介する

> 　それでは，三角形の内角の和が180°になる理由を，ペアで説明してみよう。

　三角形の内角の和が180°になる理由を学んだ後，このように指示してペアで説明させます。一方が説明して終わりではなく，必ずお互いに説明をさせるようにします。

　ただ聞いて理解したつもりになっているのと，人に説明するのとでは，理解の度合いが大きく変わります。全体の場ではなかなか説明できない生徒も，ペアでのやり取りを通してならハードルがグッと下がります。

　また，わからないことがあったときにそれを聞き返す発言や，図を指さしたり，相手の理解（うなずき）を確認したりしながら説明する姿など，生徒のよさを教師が具体的に見取って全体の場で紹介すると，活動の質が高まります。教師の思いだけでなく，生徒の感想から，ペアでやり取りするよさを発信する側・聞き取る側の両面から取り上げて紹介するようにすると，生徒の意欲は一層増すことでしょう。

（武藤　寿彰）

話し合い・発表

考えをつなぎながら
話し合いを展開する技術

POINT

●言葉をそのまま問い返す
●話題に壁をつくる
●正解とは逆に寄り添う

1 言葉をそのまま問い返す

　算数の授業を例に説明します。

　5年「整数の性質」で，②の数カードを2～4枚と，＋，－，×，÷を使って0～6の数をつくる学習です。はじめに，「できるだけ少ない枚数で数をつくる」ことを確認し，一人ひとりで考える時間を取ります。

　しばらくすると，「『2』は②が1枚でいいね」「2枚使う場合，0，1，4しか絶対つくることができないよ」などといった声が聞こえてきます。

　そこで，この発言に対して次のように問い返していきます。

　　②を2枚使う場合，絶対に0，1，4しかつくることができないの？

　すると，子どもは「だって…！」と言いながら次々に手をあげ始めます。

　このように，子どもの言葉をできるだけ「そのまま問い返す」ことが大切です。必要以上に教師が言い換えたりまとめたりすると，実際の「子どもの思いや考え」とは，ずれていってしまうからです。

　「計算には＋，－，×，÷の4種類しかないでしょ？　僕はそれをすべてやってみたけれど，0と1と4しかできなかった」

34

「そうそう。だから絶対にこの3つ以外の数はできないはずだよ」

子どもたちはすべての演算パターンを試した結果，この3つの数しかできなかったことから，他の場合はあり得ないと考えたのです。

このように，「子どもの言葉をそのまま問い返す」という手立ては，子どもの思いや考えを基に問題意識を学級全体で共有し，学びを進めていくことにつながっていくのです。

```
2＋2＝4
2－2＝0
2×2＝4
2÷2＝1
```

2 話題に壁をつくる

こうして，0，1，4のつくり方が確認されると，子どもたちからは，
「2が3枚だと…」
といった，他の数のつくり方にかかわる発言が出てきます。そこで，「3」のつくり方を全体で確認していきます。

C1　3は(2÷2)＋2になったよ。

この言葉を受けて，次のような声が上がります。

C2　その式は，さっきつくった1と4の式を利用すれば簡単にできるよ。
C3　3枚で6もできるよ。6をつくる式を言いたい！

ここで，注目したいのはC2とC3の発言の違いです。C2の言葉からは，C1が発表した「3」の式に対し，自分の考え（どうすれば，簡単に式をつくることができるか）をつなげようとしていることがわかります。

一方，C3はC1の発言とは別に，新たな意見として「他の数をつくる式」について伝えようとしています。

このようなとき，「前の発言につながる意見」に焦点化することにより，他の話題との間に一度，壁をつくっていきます。

第2章　今日から使える数学の指導技術51　35

「6」をつくる式は聞きたいのだけれど，その前に，C2君が1と4の式を利用すれば簡単だと言っていました。これはどういう意味かな？

こうした場面は，授業の中ではよくあることです。子どもたちの発言というのは，前述したように「前の発言につなげようとするもの」と，「新たな意見を出そうとするもの」の2つに大きく分かれます。後者の発言もとても大切なのですが，そちらばかりを取り上げると，子どもの考えがつながっていく学びにはなりません。授業展開がぶつ切りになってしまうのです。

ですから，まずは，他の話題との間に壁をつくり，「前の発言につなげようとしている意見」に焦点化していくことが大切です。

「だって，3は1＋2，1はさっきつくってあるから2÷2に換えて…」

「そうそう！　だから，6も同じように簡単にできるよ！」

「6は4＋2だから…」

こうして子どもたちは，すでにでき上がっている「1」と「4」の式を利用し，「3」と「6」をつくる式（最少枚数の②でできる場合）を発見していくことができました。

$$3 = \underline{1} + 2$$
$$= (\underline{2 \div 2}) + 2$$

$$6 = \underline{4} + 2$$
$$= (\underline{2 + 2}) + 2$$
$$= (\underline{2 \times 2}) + 2$$

このように，一度「話題に壁をつくる」ことで，子どもの考えをつなげながら，学びの本質に迫っていくことができるのです。

3 正解とは逆に寄り添う

「残りは5だけれど，どちらも4枚ではできなかったよ」

「え!?　私は5を4枚でつくることができたよ！」

0〜4，6をつくることができた子どもたちは，最後に「5」ができるかどうかに目を向けていきました。

実際は，②のカードが4枚あれば「5」をつくることができます。

でも，ここではあえて「正解とは逆」，つまり，「4枚ではできない」という考えに寄り添っていきます。

> 　先生も4枚で「5」をつくるのは難しいと思うな。ところで，4枚でできなかった人は2が何枚だったら「5」をつくることができたの？

「5枚です。だって，5は『6－1』でしょ？　6は2×2＋2で，1は2÷2だから，2が5枚必要になる」
「でも，5は『6－1』だけでなく，『3＋2』とも考えられるよ」
「3＋2なら，3は（2÷2＋2）だから，4枚でもできる！」

$$5 = 6 - 1$$
$$= (2 \times 2 + 2) - (2 \div 2)$$

6！　1！　2が5枚必要になるよ！

$$5 = 3 + 2$$
$$= (2 \div 2 + 2) + 2$$

3！　5を3＋2と見れば…2が4枚だ！

「なるほど！　5を他の式で見る方法もあったんだね」
「5枚の考えはルールに合わないけどひき算で考えるのもおもしろいね」
　こうして，子どもたちは，両者の考えの共通点「5をどう見るか」という大切なアイデアに気づいていくことができました。
　確かに，正解から取り上げれば，「5」をつくる式はすぐに明らかになったでしょう。でも，そのような展開では，正しい式はわかったとしても「なぜ，意見が2つに分かれたのか」「4枚ではできないと考えた人は，何を根拠にしているのか」ということまでは見えてきません。ですから，このように「正解とは逆に寄り添う」ことで，その背景を引き出していくのです。
　「正解とは逆に寄り添う」という手立ては，こうして「正解」と「誤答」両者の考えをつなぐことができる有用な手立てなのです。

（瀧ヶ平悠史）

第2章　今日から使える数学の指導技術51　　37

> 話し合い・発表

苦手な生徒を話し合いに参加させる技術

POINT
- 選択肢を提示して，挙手で考えを表現させる
- 机間指導でノートに○をつけ，考えに自信をもたせる

　発言という形だけでなく挙手や板書，拍手など，いろいろな方法で話し合いに参加できるようにします。また，自分の考えに自信をもたせておくことで，話し合いに参加しようという意欲を引き出します。

1 選択肢を提示して，挙手で考えを表現させる

　2年生の事例で説明します。次のような問題が出されたとします。

> 　線分AB上に点Cをとり，AC，CBをそれぞれ1辺とする正三角形ACP，CBQをつくるとき，AQ＝PBである。
> 　これを証明しなさい。

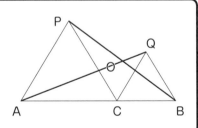

　まず，どの三角形とどの三角形の合同を言えばよいか考えさせます。

> 　AQを1辺とする三角形は△AQCか△AQB，PBを1辺とする三角形は△PBCか△PBAです。どの三角形とどの三角形の合同を言えばよいでしょう？

△PBA は明らかに大きいので，△PBC と合同と思われる三角形を考えればよいことを確認します。

> 合同になりそうな三角形は，△AQC と△AQB のどちらですか？

　２択で挙手させます。その後，△PBC の切り抜き等を用意しておき，合同な三角形を確認します。さらに，合同条件は何か３択で挙手させます。

2 机間指導でノートに〇をつけ，考えに自信をもたせる

> ∠ACQ と∠PCB はなぜ，等しいと言えるのですか？

　次のように証明した生徒がいたとします。
　∠ACQ ＝60＋∠PCQ，∠PCB ＝60＋∠PCQ
　∠PCQ が共通なので，∠ACQ ＝∠PCB である。

> 他の考え方の人はいますか？（具体的な数で考えた人はいますか？）

　抽象的な概念が苦手な生徒に，発表させます。ノートに〇をつけてあるので，自信をもって発表できます。
　∠PCQ ＝180－（∠ACP ＋∠QCB）
　　　　＝180－120＝60
　∠ACQ ＝60＋∠PCQ ＝120
　∠PCB ＝60＋∠PCQ ＝120よって，∠ACQ ＝∠PCB
　この考えに対し，「∠ACQ ＝180－∠QCB ＝120と考えてもよいと思います」という意見が出れば，より深い学びにつながります。
　最後に，「わかった人は拍手を」と声をかけ，話し合いに参加させます。

（鬼澤　美晴）

> 話し合い・発表

グループ学習を
有効に生かす技術

POINT

● 話し合うための場づくりをていねいに行う
● 「なぜ？」「どうして？」と思わせる問いを投げかける

　与えられた課題についてグループで話し合い，その結果を発表し合うという進め方でグループ学習を行っていくことが多いのですが，その方法だと，時間が足りず，発表し合って終わってしまったり，グループ内の特定の生徒の意見がグループの意見として出され，傍観者的な立場で参加する生徒が増えてしまったりという問題があります。そこで，全員が参加できるグループ学習の工夫について考えてみます。

1 話し合うための場づくりをていねいに行う

　1年の空間図形の事例で説明します。以下のように課題を設定しました。

> 立方体を1つの平面で切断してみよう。どんな形になるだろうか？

　すぐに課題に入らず，円錐の切断面の模型を用いて，切ったらどのような形ができるか考えます。二等辺三角形，円，楕円など様々な形がでてきたところで，「どんなことが言えるかな？」と問い，切り方によってできる形が違うことを確認して，本時の課題へとつなげます。

　「立方体を切ってみると，どんな形になるだろうか？」という問いに対し，「正方形になる」というつぶやきを拾って「なぜそのような形になるのかな？」と，聞いたところ，「4つの辺が同じ長さ」という答えが返ってきま

40

した。「同じ長さだと正方形になるの？」と返すと，直角というつぶやきは出るものの，なぜ直角になるのか答えられません。「今まで習ったことを使って考えてね」と言うと，底面と側面が垂直になっていることに着目できました。ここまでは一斉指導形態で行います。

　次に，1人1枚ずつ立方体の見取図を配り，切断面をかき入れるように指示しました。グループになり，自分の考えた切り口の形を友だちに伝え，そうなる理由についてグループで話し合うように伝えました。必ず1人1枚仕上げ，うまく説明できない場合は，その理由をグループ内で話し合うようにしました。

　課題をすぐに導入せず，例を用いてどんなふうに考えを進めればよいのか，時間をかけて場づくりを行いました。それにより，何をすればよいのか一人ひとりが理解して課題に取り組むことができます。図にはかき込んだけれど，なぜそうなるのか説明がうまくできない生徒も，グループの話し合いによって自分の課題を解決することができます。話し合う必然性が生まれ，個人が自分の課題を解決するための話し合いとなり，グループでの話し合いが生きたものになります。この時間に傍観者的な振る舞いをしてしまう生徒はいませんでした。

　また，考えたり説明したりするときの材料として，グループごとに1つずつ立方体にゴムをかけた模型を用意しました。ワークシートとして見取図を用いたため，切り口の形を想像しきれない生徒，うまく友だちに伝えられない生徒が見られました。

想像した形が本当にできるのか確認したり，話し合って考えを深めたりする材料として，この模型が役に立ちました。

2 「なぜ？」「どうして？」と思わせる問いを投げかける

グループで話し合ったことを基に，クラス全体で練り合っていくのですが，グループごとに発表し合うところから始めると，発表会のようになって終わってしまうことがしばしばあります。練り合いの場では，どれだけ考えを深めていくことができるかが大切です。

そこで，この授業では，切り口がなぜその形になったのか，全員がかいた図を黒板に貼っていき，切り口の形ごとに分類し，その形になる理由について考えていきました。

考える視点について予め押さえたため，等しい長さ，等しい角度，平行，垂直などに着目し，三角形（正三角形，二等辺三角形）・四角形（台形，長方形，正方形，ひし形）・五角形・六角形に分類することができました。全員のアイデアを分類，整理していく活動は，グループごとに発表しなくとも，一人ひとりの考えが基になっているので，自然と話し合いが活発になります。

分類した後，考えを深めるために次のような質問をしました。

> 七角形や八角形もできるのだろうか？

工夫して切ることで七角形もできるのではないかというつぶやきが出たので，再度グループにして短い時間で話し合いました。

　グループによる話し合いを活性化させるためのポイントの2つめは「なぜ？」「どうして？」という疑問をもたせたり，「あれ？　何か変だ」と思わせたりするような発問です。疑問をもったり，「〇〇ではないか？」と考えると，生徒は自分の考えを話したり，聞いたりしたくなります。

このタイミングでグループにすると，お互いの考えを出し合ったり練り合ったりする活動が活性化します。また，全体に戻したときにも同じ話題で議論するので，グループによる話し合いの時間を長く取る必要はありません。その結果，授業をテンポよく進めることができます。

　この授業では，6つの面をゴムが全部通っているので六角形になること，立方体の面は6面しかないので七角形や八角形にはならないということを生徒が考えを出し合いながらまとめることができました。さらに，「二十面体なら二十角形ができるのかな？」とつぶやいた生徒がおり，再度グループで話し合い，「立方体の場合は6本の辺すべてを通るように切ることができるけれど，二十面体では難しい。〇面体だからといって〇角形ができるわけではない」ということを確認することもできました。

　最後にワークシートに振り返り（今日の授業で何を学んだか）を書き，何人かの生徒に発表してもらったところ，「平行や垂直を探すと説明ができた」「六角形までしかできないことがわかった」などの発表がありました。

　立方体の切断面のように，難度が高く，発展的な内容でも，グループ学習を効果的に取り入れることで，一人ひとりがじっくりと考えたり，話し合いを通して少しずつ理解を深めたりすることが可能になります。

（田中真樹子）

話し合い・発表

誤答や誤認識を生かす技術

●誤答を先に取り上げる
●誤答や誤認識を教師が意図的に取り上げ，全体で考えさせる

　生徒の誤答や誤認識の取り上げ方によって授業は大きく変わります。問題に対する解答が分かれる場合，先に正答を取り上げてしまうと誤答を考えた生徒は発表しづらくなります。そのような場合は，先に誤答を取り上げてから正答を取り上げることで，多くの生徒が間違いに気づいていくと同時に，驚きや知的好奇心を満たすことにつながります。

1 誤答を先に取り上げる

　1年生の事例で説明します。次のような問題を提示しました。

>　「$-x$」について，太郎くんと花子さんは，次のように話しています。
> 太郎「$-x$は負の数だと思う」
> 花子「そうとは限らないと思うわ」
> 　どちらが正しいだろうか。

　本時の目標は，「代入や式の値の意味について理解するとともに，文字がいろいろな値をとりうることについて理解を深める」です。
　太郎派と花子派で解答が分かれますが，太郎派の意見を先に取り上げます。
　「−がついているから負の数である」「xを2に置き換えると，−2になるから」などの意見が出されます。多数の生徒が太郎派であれば，すぐに花子

派に意見を求めずに「花子派は，どのように説明すればよいだろう？」と全体に問います。考えるべきことを明確にする発問です。生徒からは，「正の数になる例を１つ見つけたらよい」という意見が出されます。誤答を考えた生徒には，正の数になる例が本当にあるのだろうかと疑問が生じます。２，３分時間を取ってから，花子派の意見を発表させます。このように，「$-x$は負の数」のように，多くの生徒が考えている誤答を先に取り上げ，覆すことで，驚きと同時に新たな知識や考え方を獲得することができます。

　多くの生徒が考える誤答であれば全体の場で取り上げますが，そうでない場合，生徒に誤答を全体で発表させることは避けたいものです。

2 誤答や誤認識を教師が意図的に取り上げ，全体で考えさせる

　例えば，先の問題の続きとして，次の問題を提示します。

> 「$-x^2$も，正の数や負の数になる」と考えました。正しいだろうか？

　予想させた後，「正の数や負の数を代入して確かめよう」と板書し，ノートに考えを書かせます。机間指導をすると，x に負の数を代入する場面での間違いが見られます。少数であればその場で指導しますが，多い場合は教師が意図的に取り上げ全体で考えさせます。

> $x=-3$ を代入すると，$-1 \times -3^2 = +9$　本当？？

　このように板書し，誤答を全体で話し合わせます。何が間違いか全体で確認することで，多くの生徒が間違いに気づき，正答へ導くことができます。
※本授業例は下記に掲載しているので，ぜひご覧ください。
「中学校数学科『問題解決の授業』のための数学問題 BANK」
https://mondaibank.jimdo.com/

（中本　　厚）

話し合い・発表

生徒の発表のハードルを
下げる技術

POINT

● 発表の場に助け合い学習の雰囲気をつくり出す
● ペア学習で自分の考えを発表する機会を多くする

発表の緊張を取り除いたり，場慣れさせたりするための方法を紹介します。

1 発表の場に助け合い学習の雰囲気をつくり出す

「あなたは発表する人，私は発表を聞く人」というスタイルでは，両者が対峙する状態になってしまいます。そのため，自分の曖昧なところは隠し，自信のあるところを言おうとします。ましてや発表会という形をとってしまったのでは，宴会帰りにカラオケボックスに寄って歌う雰囲気になってしまいがちです。歌っている人は1人悦に入り，他の人は歌集をパラパラめくって自分が歌う曲を探していて，歌っている人の歌を聞いてはいないのです。

学習する場なのですからお互いに弱点をさらけ出し，そして，それをカバーし合うように学習を進めていく雰囲気づくりや，考えを互いに高め合う活動が，授業を支える環境としてとても大事です。

考えがまとまらず不十分な段階でも発表するということを奨励していきます。自分がわかっているところまで発表すればよいのです。そして，その先は他の人がカバーするという感覚で助け舟を出し合うのです。

「これらの三角形で合同条件に当てはまる2つのことまでは見つけることができたのですが，もう1つがどうしても見つけ出せません。わかっている人，この後を説明してくれませんか？」

発表者がこのように発言できるようにもっていくことが発表のハードルを

下げることになるのです。教師は普段から助け合い学習の雰囲気をつくり出すことに力を注ぐことが大切です。

2 ペア学習で自分の考えを発表する機会を多くする

　どんな生徒でも，いきなり学級全体に向けて発表するというのはなかなかできることではありません。優秀な生徒でさえ，最初はところどころで詰まり，たどたどしい発表になっています。しかし，回数を重ねるうちに，聞いている生徒に確認をとったり，理解が不十分な雰囲気があれば他の表現をしようと試みることができるようになります。要は，発表する機会が多くなるように授業運営を考えていく必要があるのです。

　そのよい場が，隣同士２人で行うペア学習です。普段から隣同士で気軽に話をしているので，これを学習の場にも活用しようということです。まず，発表する人は隣の人に自分の考えていることを伝えていきます。そして，最後まで説明し終わったら，聞き手はわかりにくかったところや，こういう言い方にした方がよいのではということを提案します（思ったことを言っていけばよいでしょう）。そして，２人で改善策を考えてまとめます。その後もう一度発表する人が最初から説明をしていくのです。ある面では発表の練習をすることになりますが，学習内容の理解もより確実にすることができます。

　次に，グループ学習でも同じようなことを進めます。このときはペア学習がある程度できるようになっていますので，発表するポイントを押さえながら進めていくようにします。また，聞き手も明らかに間違っているところや不十分なところを指摘する程度にして，細かな言い回し等については意見を控えます。もちろん，気になったら言っても構いませんが，それがメインではありません。内容に重きを置きます。

　最後の段階として教室の前に出て全員に聞いてもらう全体学習の中での発表に移るのです。

　このような段階を経ていくことによって発表のハードルを下げていくことができます。

(五十嵐一博)

第2章　今日から使える数学の指導技術51　　47

| 話 |し合い・発表

発表をアクティブにする
ツール活用の技術

POINT
- ホワイトボードで思考の過程を共有する
- 「思考ツール」で考えを整理し，可視化する

「主体的・対話的な学び」を取り入れた授業というと，次のような展開が多く見られます。

課題把握 → 個人思考 → 集団思考 → 共有 → まとめ

このような授業展開になると，「話す」「教える」「発表する」といった他者との対話的な活動が自然と組み込まれていきます。

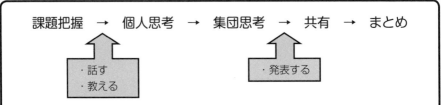

しかし，他者との対話的な活動が組み込まれたから，アクティブな活動になっているかというと，それはまた別問題です。

アクティブに「話す」「教える」には，個人の主体性が大きく関係してきます。発表をアクティブにする場合，個人の主体性以外に協働性も関係してきます。発表をアクティブにするためには，その前の集団思考を充実させることが重要になってきます。

1 ホワイトボードで思考の過程を共有する

　集団思考でよく見られるのが，グループ内で1人ずつが発表し，その中からグループとして発表する内容を選び，その解答を提案した生徒がグループの代表として学級全体の前で発表する，という形です。

　この形では，代表になった生徒はグループの他の生徒に同意してもらうことで，自分の考えに自信をもつことができます。しかし，グループで個人の考えを共有することで新たなことに気づいたり，友だちの考えに触れることにより自分たちの考えを結びつけて広げたりすることにはなっていきません。

　そこで，グループで考えを共有し，深めたり広げたりするツールとして活用したいのが，ホワイトボードです。

　口頭による説明では，「解けた」「解けなかった」の2つのものさしでしか判断できないのですが，ホワイトボードを活用することで，「最後までは解け

ホワイトボードを活用する様子

なかったけど，ここまでは考えることができた」「解答は出なかったけど，友だちからこんな意見が出た」など，思考の過程を共有することができるようになります。

　教師も「解けた」「解けなかった」の判断ではなく，過程を評価したり，学びに向かう姿勢を評価したりすることができます。教師が挑戦する姿勢を評価できるようになると，最後まで解けなくてもがんばりを評価してもらえると生徒が思えるようになり，発表しやすくなります。また，過程を評価することで，発表の内容にも変化が出てきます。解答に行き着くまでに試行錯誤した様子を発表するグループも出てきます。正しい解答を説明しなければ評価されない，という思考から，挑戦の姿勢でも発表できる，というアクテ

ィブな思考へと変えることができるわけです。

　グループでの話し合いの過程が書かれたホワイトボードは，発表においてもそのまま活用します。しかし，右の写真のような大きさのホワイトボードであれば，後ろの生徒は何が書かれているか見えにくいという問題があります。学級全体で提示しても後ろの生徒が見えるためには，ある程度の大きさのホワイトボードを準備する必要があります。しかし，あまり大きいと集団思考の際にうまく活用できません。

ホワイトボードを使い説明の準備

　そこで，学級全体で発表するときには，実物投影機を使います。「うちの学校には，そんなに実物投影機がない」という先生もいるかもしれませんが，右の写真のように簡単に

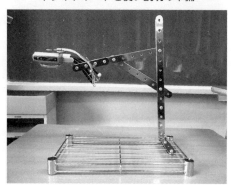
デジカメを使った手づくり実物投影機

つくることが可能です。100円ショップで購入したキットの先端に，デジタルカメラを装着しているだけのものです。こんな簡単なものでも十分に役割を果たすことができます。

2 「思考ツール」で考えを整理し，可視化する

　集団思考において，どの解答を選んで学級全体の前で発表しようかというのと，それぞれの考えを生かして発表しようかというのとでは，ずいぶん発表内容が違ってきます。

　しかし，生徒に「一人ひとりの考えをつなげてみましょう」とか「一人ひとりの考えを比較してみましょう」と投げかけても，なかなかうまくいかな

いと思っている先生も多いはずです。

そこで，「共通点と相違点を見つけ出す」「特徴によって分類する」「複数の事柄を関係づける」といった思考を活用し，他者に説明するために整理する，「思考ツール」があります。

右の写真は，それぞれの連立方程式をどのように解けばよいかという課題に対して思考ツール「バタフライチャート」を活用して整理したもので，内容は下図のようになっています。

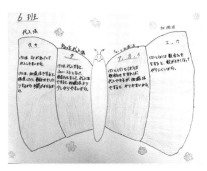

バタフライチャート

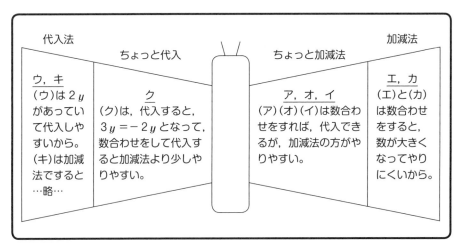

また，右の写真は，思考ツール「フィッシュボーン」を活用して，学級全体に説明している様子です。

グループ活動を行い発表すれば，アクティブな活動になるわけではなく，まず思考がアクティブになる必要があります。そのために思考ツールを活用します。 　　　（三橋　和博）

フィッシュボーン

第2章　今日から使える数学の指導技術51　51

> 振り返り・まとめ

新しい考えや発展につながる
振り返りの技術

POINT

●多様な考えと関連づける
●□を用いてオープンにする

　日常の授業を通して，既習事項を活用して新たな考え方に気づかせることや，学んだことを振り返って統合的・発展的に考える力を育むことが求められています。そこで，問題の解決過程を振り返りながら，新しい考えや発展につなげていくための方策について紹介します。

1 多様な考えと関連づける

　2年「連立方程式」を例に説明します。本時の目標は，「加減法との比較を通して，代入法による連立方程式の解き方を理解する」です。授業では，次のような問題を提示しました。

$\begin{cases} 2x - 3y = 5 & \cdots① \\ x = 2y + 4 & \cdots② \end{cases}$　について，2人は次のように考えている。

Aくん「加減法で解こう」　Bさん「違う方法で文字を消去するわ」

2人はそれぞれどのように解いたのだろうか。

　この授業では，Aくんの考えである「①式，②式のいずれかの文字を含む項を移項して加減法で解く」，Bさんの考えである「②式を①式に代入して文字を消去する」という2つの解き方が出されます。2つの考えを比較検討して，「移項することで既習である加減法で解けること」「代入法という新た

な解き方」について見いだされました。

❶同一の問題を複数の考えで取り組ませる

　この授業の後半では，はじめに提示した問題の解決過程を振り返って，新しい考えである代入法のよさを強調したり，意味理解を深めたりすることを意図して，次のような練習問題を提示しました。

$$\begin{cases} y = 4x + 2 & \cdots① \\ 2x + 3y = -8 & \cdots② \end{cases}$$ 加減法，代入法の２通りの方法で解こう。

　２つの解き方を追体験させた後に，「どちらの解き方がよいと感じましたか？」と問いかけます。生徒からは，「代入法の方が文字を消去しやすい」「①式のように文字＝の形のときは代入法の方が便利」「x の解を①式に代入することで y の解を求めやすい」などの考えが出されました。代入法のよさや式の形を見て解き方を選択することの大切を強調しました。

　このような振り返りは，２つ以上の多様な考えが出される授業においても，「教師が意図的に２つの考えを指定する」「生徒が２つの考えを選択する」ことで，問題の解決過程を振り返って，新たな考えのよさを感得させることや，意味理解を深めていくことができるでしょう。

❷適した考えを選択させる

　この授業では，新たな考えを活用し発展的に考える力を高めることを意図して，次のような練習問題を提示するという展開も考えられます。

ア $\begin{cases} y = 3x - 2 & \cdots① \\ y = 2x + 5 & \cdots② \end{cases}$　　　イ $\begin{cases} 3x - 2y = 12 & \cdots① \\ 2y = x - 8 & \cdots② \end{cases}$

ア，イは加減法，代入法のどちらの方法で解きますか。

　ア，イの式を示して，どちらの方法で解いたらよいかを問いかけます。ア，イともに，加減法派と代入法派の２つの立場に分かれることでしょう。アの

第２章　今日から使える数学の指導技術51　53

問題では，「文字を含む項がそろっているから加減法がよいのでは」「代入すると $3x - 2 = 2x + 5$ となるから代入法の方が簡単ではないか」との話し合いが行われます。イの問題では，「②式は①式の $2y$ に代入することができるのか？」「$2y$ に直接代入することができるのではないか」との話し合いが行われ，学んだことを振り返りながら考え合う姿が期待できます。

　このような振り返りは，少し発展的な問題を提示すると効果的です。また，2つ以上の多様な考えが出される授業においても，「どの方法が最も適切な方法か。また，その理由は何か」と発問することで，新たに獲得した考えの理解を深め，活用する力を高めることができるでしょう。

2 □を用いてオープンにする

　2年「式の計算」を例に説明します。本時の目標は，「整数の簡単な計算について成り立つ関係を見いだし，その関係を文字を用いて説明することができる」です。授業では，次のような問題を提示しました。

　連続する3つの整数の和には，どのようなことが言えるだろうか。

$1 + 2 + 3 = ?$
$2 + 3 + 4 = ?$
$3 + 4 + 5 = ?$
…

　まずは計算と答えの関係について予想させます。「3の倍数になっている」「3ずつ増えている」「真ん中の数を3倍すると答えになっている」「答えを3で割ると真ん中の数になる」などの考えが出されます。そこで，「3の倍数」に着目させ，必ず成り立つかどうかを明らかにすべく，「文字を用いて説明を考えよう」という課題を設定し，右の証明を考えていきます。証明の進め方を確認した後に，「予想した他の考えは証明できないだろうか」と発問

　一番小さい整数を n とすると，連続する3つの整数は，n, $n + 1$, $n + 2$ と表せる。
$n + (n + 1) + (n + 2)$
$= 3n + 3$
$= \underline{3(n + 1)}$
$n + 1$ は整数なので，3の倍数になる。

54

し，証明を振り返ります。下線部に着目させて考えさせると，予想した事柄をすべて証明できることに気づきます。下線部の式の形と結論の表現の仕方によって，様々な証明ができることを確認し問題を解決しました。

　ここで，3つの整数の和の問題を基に授業を振り返って発展的に考える力を高めるために，次のように□を用いたオープンな問題を提示しました。

連続する□個の整数の和には，どのような関係があるだろうか。

　この問題では，連続する整数の個数と前ページの証明で示した下線部の式との規則性について考察させていきます。

　はじめは，□が5の場合について考えさせます。多くの生徒が「5の倍数になる」「真ん中の数の5倍」などと予想し，証明に取り組みます。証明を進めていくと$5(n+2)$となり，5の倍数になることを納得します。続いて，□が4の場合について考えさせます。下線部の式が$2(2n+3)$となり，4の倍数にならないことから生徒の内面に疑問が沸き起こります。このタイミングで学習プリントを配付し，□の数と下線部の式との規則性を右の表のように整理させていきます。「この表からどのようなことが言えるか？」と発問します。□が奇数

□個	下線部の式	規則性の考察
2	$2n+1$	奇数
3	$3(n+1)$	3の倍数，真ん中の数の3倍
4	$2(2n+3)$	2の倍数（偶数）
5	$5(n+2)$	5の倍数，真ん中の数の5倍
6	$3(2n+5)$	3の倍数
7	$7(n+3)$	7の倍数，真ん中の数の7倍
8	$4(2n+7)$	4の倍数
9	$9(n+4)$	9の倍数，真ん中の数の9倍
10	$5(2n+9)$	5の倍数

個の場合は，「整数の数の倍数がそのまま答えになる」「真ん中の数に□の数をかけると答えになる」などの考えが出されます。また，□が偶数個の場合は，「□の数の$\frac{1}{2}$の倍数が答えになっている」「4の倍数の式を$4(n+1.5)$とすれば，n，$n+1$，$(n+1.5)$，$n+2$，$n+3$となり，4つの整数の真ん中の数になっている」などの考えが見いだされ，発展的に考え合う姿が期待できるでしょう。

（菅原　大）

振り返り・まとめ

問題の解決過程で
行うまとめの技術

POINT

●本時の目標とまとめを一体化する
●数学的な見方・考え方を板書する

　授業の終末に「今日わかったことは？」と発問し，強引に文章でまとめを
書くことがあります。しかし，どの授業でもまとめをこのようにする必要が
あるのでしょうか。問題解決的な学習では，問題や課題を解決する過程で
「わかった！」「こうすればできる！」ということになり，本時の目標が達成
されていきます。そこでまとめをすればよいのです。

1 本時の目標とまとめを一体化する

　問題解決的な学習では，教師の意図的・計画的な指導が必要不可欠であり，
まとめは生徒が本時の目標を達成するための意図的な指導です。授業のどの
段階において，子どもが本時の目標に迫ることができるのかを考え，本時の
目標と一体となった知識・技能，見方・考え方を確認・整理していきます。

●まとめの具体例

〇本時の目標

　　既習内容を用いて，半径と弧の長さからおうぎ形の中心角を求めるこ
とができる。

〇問題の解決過程で行うまとめ

　　円周から，円全体に対するおうぎ形の割合を求める考え方と，公式を
使えばできるという考え方を確認する。

おうぎ形の中心角を求める問題では，どうしても公式に頼りがちになりま

56

す。しかし本時の目標は，単に公式を使って求めればよいというのではなく，既習内容を用いて考えることを重視しています。そのため，中心角は弧の長さに比例することに気づかせ，割合から求める方法を生徒から引き出し，問題の解決過程でまとめます。

2 数学的な見方・考え方を板書する

　知識・技能だけではなく，数学的な見方・考え方もまとめを行いたいところです。問題の解決過程で確認した見方・考え方については黄色のチョークで書き，重要な用語や公式などは決まった色で強調して板書します。そうすることで，確かな理解につながり，数学的活動の充実を図ることができます。

●まとめの板書例
　○本時の目標
　　　多角形の内角の和を三角形に分けることに着目して求めることができる。

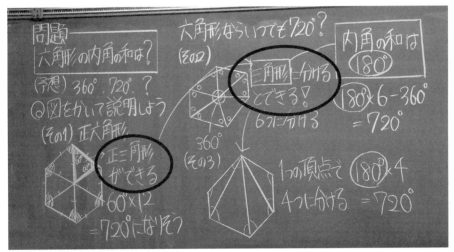

　この授業では，多角形の内角の和を求める公式だけがまとめではなく，公式の根拠である「三角形に分けるとできる」という数学的な考え方（上の板書写真参照）を問題の解決過程で確認します。

（若松　拓郎）

振り返り・まとめ

学習感想を有効に
活用する技術

POINT

●継続することで習慣化を図り段階的に深めていく
●生徒の「やってみたい」に応える授業を実現していく

　授業の終末に「振り返りの時間」を設けることは，どの先生方も意識し実践していることと思います。しかしながら，生徒の自覚の様相は様々で，ともすると表面的な振り返りに終始しがちです。振り返りを行う際には，「何がわかったのか」だけではなく，「何ができるようになったのか」「何を学びたいのか」など，自身の成長の足跡を自覚したり，学ぶ意欲を引き出したりする機会を創出することを大切にしていきたいところです。

1 継続することで習慣化を図り段階的に深めていく

　例えば，ワークシートの最下行に以下のような一文を入れておきます。

> 正の数と負の数の意味がわかりましたか？　学習感想を書きましょう。

　すると生徒たちは，自分の言葉で思ったことを書きます。はじめのうちは「○○がわかった」とか「○○ができるようになった」など，一問一答のような表面的な内容が多く見られますが，質問の枕にあたる文章を少しずつ変えていくと，生徒の学習感想の記述は次第に変容していきます。

> …ということはどういうことでしょうか？　学習感想を書きましょう。
> さらにどんなことがしたいですか？　学習感想を書きましょう。

毎時間の継続と積み上げにより，生徒は様々な観点から自己を見つめ直していきます。もちろん，教師が添えるコメントも生徒の成長を促進します。

2 生徒の「やってみたい」に応える授業を実現していく

　例えば，2年の関数の授業で，次の問題について考えたとします。

> 一定の速さで歩いたとき，すべての信号を青で通過できるでしょうか。

　複数の信号の青，赤の明滅時間を基に，どの位の速さで歩けばすべての信号を青で通過することができるかについてグラフを活用して解決する問題です。本問題には様々な答えが存在することに加え，これまでに取り扱うことのなかったグラフ表現が必要になることなどが生徒の解決を困難にします。ともすると「難しかった」「青で通過できることがわかった」などの短絡的な感想に陥りがちですが，1年生から継続して学習感想を書き続けてきた生徒たちは，2年生の段階で次のような感想が書けるようになっていました。

> 今回の数学では「すべての信号を青で渡るには」という授業をしました。グラフでありまし初めは，すべての信号を渡る方法は2，3回だと思いましたが，グラフをつなげたりするとまた違う方法で渡ることができ，無限の可能性があるとわかり，自分の家から駅までにも信号があるので，すべての信号を青で渡る方法をさがしたいと思いました。このように，数学は身近な生活の中で生かすことができると感じた。

　「グラフをつなげたりする」とは，座標平面を継ぎ足して貼り合わせていくことを指しています。この生徒は，問題に答えるだけではなく「自分の家から駅までの信号について考えてみたい」と新たな問いをもったり，「数学は身近な生活の中で生かすことができる」と数学の有用性を再認識したりするなど，一歩先を見据えた感想を抱くことができています。これらの感想を基に，新たな課題を設定することが考えられます。

（宇陀　定司）

教材・教具づくり

日常や社会の事象を数学の教材に変身させる技術❶（図形）

POINT
- 数学の問題に近い授業課題をつくる
- 現実世界の問題に近い授業課題をつくる

　日常や社会の事象をそのまま与え，問題を読ませ，その問題の意味がわかればよい，とするのでは，生徒に問題意識をもって取り組ませることはできず，次のような条件をもった日常や社会の事象を生徒に提示することが必要です。
①生徒にとって，何らかの意味があること
②未知，矛盾，不思議などの要素が含まれていること
③本時のねらいに結びつく学習活動を呼び起こすこと
　③を可能にするのが，授業課題の設定です。なぜなら，現実世界の問題を授業で扱う場合，現実世界の問題を数学的に扱うことができるような問題に直し，そのうえで適切な数学的手法を用いて解決することが求められます。つまり，数学の世界に引き入れるために，単純化・理想化等の定式化を行う必要があります（下図）。

　しかし，定式化（現実世界の問題から数学的な問題の設定を行う過程）が，生徒にとって最も困難な過程です。そこで，定式化のプロセスに対する手立てとして，「授業課題」を位置づけ設定することにします（右頁上図）。現実世界の問題と授業課題の設定は教師が行い，生徒の活動から数学的な問題を

つくることにより，適切な定式化の設定が行われるようにするわけです。

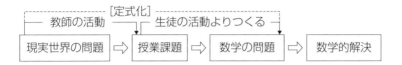

3年で，次のような現実世界の問題を提示したとします。

> ジュース会社は缶飲料を詰めるため，右のような形の段ボールの箱を使用しています。この段ボールの箱をつくっている会社は，缶の入れ方（右下図）を変えないで段ボールの使用量を減らすことができたそうです。どのように減らしたのでしょうか。

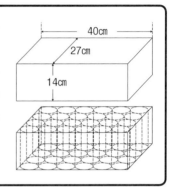

授業の中で生徒とともに，「段ボールの箱の形は直方体である」「段ボールの厚さは考えない」「缶と段ボールの箱はぴったり接している」「組み立てる際に折り込む部分の面積はどの場合も変わらない」等の理想化・単純化を行います。

1 数学の問題に近い授業課題をつくる

【答え】右のように直方体の箱の角を切り落とした新しい形の段ボールの箱にすればよい。
T　4隅の切り取る形をどうすればよいだろう？
S　切り取る部分は，三角柱の形をしている。
S　三角柱の底面の形を決めればいいのかな？
　　直角三角形になるけど…。
T　では，切り取る三角柱の底面を直角二等辺三角形と考えてみよう。

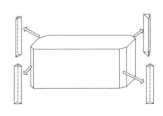

授業課題

切り取る三角柱の底面の形を直角二等辺三角形として，どのくらい使用する段ボールの量を減らすことができるか求めてみよう。

缶の中心と角の頂点を結んだ線に対して90°になるように切られている。

《考え方1》

缶の半径をrとすると，三平方の定理より，$OC=\sqrt{2}r$
$TC = OC - OT = (\sqrt{2}-1)r$
$DE = 2TC = 2(\sqrt{2}-1)r$

《考え方2》

△OTE ≡ △OBE より $DE = x$ とすると，$CE + EB = \dfrac{x}{\sqrt{2}} + \dfrac{x}{2} = r$

この方程式を解いて，$x = \dfrac{2r}{(1+\sqrt{2})}$

面積の変化を計算して削減できる面積の量を検証する

$r = 3.3$cm, $TC = 1.366$cm, $\sqrt{2} = 1.414$ より，$CE = \sqrt{2} \times 1.366 = 1.93$
$DE = 2(\sqrt{2}-1) \times 3.3 = 2.73$
$1.93 \times 1.93 \div 2 \times 8 = 14.90$　　$1.93 \times 14 \times 8 = 216.16$
$2.73 \times 14 \times 4 = 152.88$

よって4隅を切り取った場合，箱の削減できる表面積は，$14.90 + 216.16 - 152.88 = 78.18$ （cm^2）。

段ボールの使用量は約2％削減することができる。

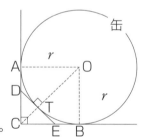

2 現実世界の問題に近い授業課題をつくる

授業課題

使用する段ボールの量を最大に減らすには，切り取る三角柱の底面の形がどのようであればよいだろう。

S　三角柱の底面の形を決めればいいのかな？　直角三角形になるけど…。

T では，底面をどのような直角三角形にすれば，削減できる面積が一番大きくなるか考えてみよう。

CD，CE を2辺とする直角三角形を考える。ただし直角三角形の斜辺は缶に接すると仮定する。

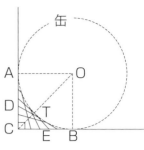

面積の変化を計算して削減できる面積の量を検証する

三角形 CDE が直角二等辺三角形の場合は，CD＝1.93cm，CE＝1.93cmなので，CD と CE を次のように0.5cmずつ変化させてみる。
CD＝0.43，0.93，1.43，1.93，2.43，2.93，3.43
CE＝3.43，2.93，2.43，1.93，1.43，0.93，0.43

減らすことのできる1つの隅の段ボールの面積Sは，右図より面積 S＝(底面×2＋側面 CDGF＋側面 CEHF)－側面 DEHG

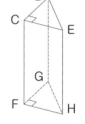

CD，CE，DE の長さ，面積 S の変化をそれぞれ表で表すと次のようになる（DE の長さ，面積 S の計算は省略）。

CD	0.43	0.93	1.43	1.93	2.43	2.93	3.43
CE	3.43	2.93	2.43	1.93	1.43	0.93	0.43
DE	3.46	3.07	2.82	2.73	2.82	3.07	3.46
面積S	7.07	13.78	18.03	19.54	18.03	13.78	7.07

単位：cm，cm^2

CD の長さ及び面積 S をグラフで表現すると，右のようになる。グラフより1つの隅で削減できる面積は，直角二等辺三角形を底面にもてば，段ボールの表面積を最大に削減できることがわかる。

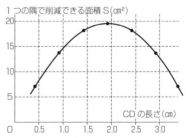

なお，2つの授業課題を順に展開することにより，現実世界の問題から解決までのサイクルを2度繰り返すことも可能です。

（浜田　兼造）

教材・教具づくり

日常や社会の事象を数学の教材に変身させる技術❷（関数）

POINT
- たくさんの考えが引き出せる題材（場面）を与える
- 表から変化の仕方に着目し，グループ分けをする

　日常の場面から段数に伴って変わる量について考え，1人ずつ発表していきます。その後，出されたものについて，変化の仕方に着目して，分類していくことによって，1あたり量の変化，すなわち変化の割合の意識をもって考えることができているかを問います。変化の割合は生徒にとって苦手としやすい内容であるだけに，日常の事象を通して理解につなげていけるように授業を進めていくことが大切です。

1 たくさんの考えが引き出せる題材（場面）を与える

　2年「一次関数」の導入にあたり，日常の事象から伴って変わる2つの数量関係を見いだす活動として，次のような場面を提示します。

> 　1辺の長さが1mの立方体の形をした棚を階段状に並べていきます。段数を増やすにつれて変わる量を見つけましょう。

　この場面で，生徒からは，立方体の個数，容積，階段の底辺の長さ，頂点の数，高さ，くっつく部分の面積の合計，直角の数…といった考えがあがります。

ここでは,いろいろな「変化するもの」を見つけることを主眼としています。出される考えは,小学校や中学1年で学習した比例,中学2年で学習する一次関数,さらには中学校では学習しない関数関係のものもあります。既習,未習にかかわらず,1つの場面から生徒が自由に発見し,いろいろな考えを見いだすことができるのがこの課題のメリットです。

なお,変化するものを見つけられない生徒には,次のように平面で考えられるように発問します。

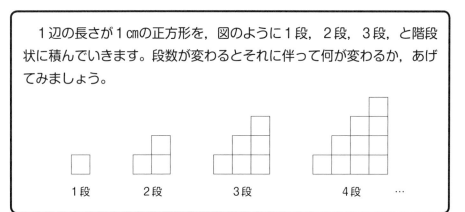

1辺の長さが1cmの正方形を,図のように1段,2段,3段,と階段状に積んでいきます。段数が変わるとそれに伴って何が変わるか,あげてみましょう。

この発問は小学校でも取り上げられる内容で,生徒からいろいろな考えを引き出すことができますが,この課題でも出ない場合は,階段状に積むという規則性を理解しているかを確かめるために,次のように発問します。

●方眼を使って5段や6段の図をかいてみよう。
●折り紙を並べて考えてみよう。

追発問はより具体的になっていますが,いずれの発問においても生徒からいろいろな考えを引き出すことに変わりありません。なお,この平面での課題に対して,生徒からは,正方形の数,面積,辺の数,周の長さ,階段の高さ,階段の底辺の長さ,頂点の数,直角の数,…といった考えが出されます。

次に，比例関係にある問題を投げかけます。

> 段数を決めると，周の長さが決まります。
> どのように決まるか調べましょう。

変わるものはいろいろありますが，この問題で，段数と周の長さの関係が比例関係であることを確かめます。比例は小学校でも学習済みですので，意図的に取り上げ，表やグラフ，式をかきながら復習していきます。

（表）

x	0	1	2	3	4	…
y	0	4	8	12	16	…

（式）$y = 4x$

（グラフ）

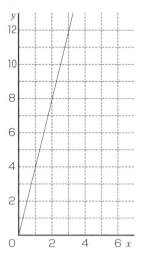

ここでは3つあげていますが，特に表や式で考える生徒が多いので，生徒同士で様々な表し方を伝え合う場面を授業内でつくり，変化の仕方の理解につなげていきます。

厳密に考えると，この問題は離散量であり，グラフを直線で結ぶことはできません。生徒の習熟に応じてこのことに触れるとよいでしょう。

最後に，$y = 4x$ の4の意味を考えます。ここでも，生徒は表やグラフから様々な読み取りをしていきます。生徒から出た考えを授業者が整理してまとめ，$y = ax$ の a の意味を視覚的に考えたうえで，次の問題につなげます。

2 表から変化の仕方に着目し，グループ分けをする

この課題では，比例，一次関数，さらには中学校では学習しない関数関係

が出されます。日常の事象からいろいろな変わる量を見つけ，変化の仕方に着目してグループ分けをしていくことで，基本の関数を定義し，理解することが大切です。そこで，次のような投げかけをします。

変化の様子を考えるには，どんな表し方があるかな？

関数は，表，式，グラフを関連づけて…とよく言われますが，生徒はこれら3つを意識して表し方を考えるでしょう。しかし，関数の学習ではこれらの関連づけが難しいと感じる生徒もいます。そこで，次の発問をします。

表をかいて変化の様子を調べてみよう。

関数の指導では，表をかくことは非常に重要です。それは，表を横に見ることで変化の様子を捉えることができたり，表を縦に見ることで対応の特徴を捉えることができたりするからです。また，表を基にして x と y の値の関係を調べて式に表すことや，（x，y）の値の組に対応する点をとってグラフをかくこともでき，表，式，グラフが関連づけられていることが理解できます。

最後に，次の問題を発問し，一次関数を定義します。

段数を決めると，頂点の数が決まります。このことを調べよう。

この問題でも，表を基にして変化の様子の特徴を調べていきます。表だけでは比例との違いを感じにくいですが，$y = 2x + 2$ と式化させることで比例との違いを明らかにし，一次関数を定義していきます。

身近な事象から関数関係を見つけ，表・式・グラフを関連づけながら関数的な見方・考え方を身につけられるような指導を心がけたいものです。

（堀　　孝浩）

> 教材・教具づくり

日常や社会の事象を数学の教材に
変身させる技術❸（データの活用）

POINT

●生徒にとって興味がわきやすい題材を取り上げる
●教室で手軽に収集できるデータを扱う

　データの活用の授業では，教科書の課題など既存のデータを使って学習することが多くあります。用語の学習など，習熟の段階では既存のデータや，加工されたデータの方が適している場合があります。一方，活用の段階では実際に生徒にデータを収集する体験をさせたいところです。

　ここでは，じゃんけんを題材にした授業を紹介します。生徒にとって，じゃんけんは日常の中で使う身近な事象です。順番を決めるときや，代表を決めるときなどだれもが頻繁にじゃんけんをしています。生徒たちは「私はじゃんけんが弱い」「〇〇君はじゃんけんが強い」などじゃんけんの強さを話題にすることがありますが，ほとんどの場合，漠然とした印象で言っていることが多いようです。そこで，実際にじゃんけんをしてデータを収集する授業展開を考えました。

1 生徒にとって興味がわきやすい題材を取り上げる

　授業ではまず，日常生活の中でじゃんけんをする場面を想起させます。生徒は，「給食のおかわりのとき」「試合で先攻・後攻を決めるとき」など，次々と発言してくれます。身近な題材や，生徒にとって興味がある題材を選ぶことで，生徒の発言を引き出すことができます。「最近，じゃんけんをしたのはいつ？　どんな場面で？」と発問してもよいでしょう。

　じゃんけんを話題にすると，生徒は「〇〇はいつも勝つ」「私は弱い」な

ど，じゃんけんの強さについて話し始めます。そこで，クラス全員で総当たりじゃんけんをして，どれぐらい勝てるかを調べることにしました。クラスの人数によって対戦数は異なります。ここでは35人学級として，総当たり34回分の対戦について考えます。

データ収集の前に，必ず予想をさせます。

> 何回くらい勝てばじゃんけんが強いと言えそうかな？

と問うと，生徒は「17回」「10回」など自分の予想を発表します。なるべく多くの意見を引き出したいところです。この段階では生徒は漠然とした印象で予想することになりますが，他者の予想と自分の予想を比較させることで，それを確かめる必要性に気づかせます。予想をもつことはデータを収集する動機づけにもなります。

2 教室で手軽に収集できるデータを扱う

予想した後は，実際に確かめる活動です。「クラス総当たりでじゃんけんをします」と言うと生徒は驚きます。それだけ授業への関心が高まっているとも言えます。効率よく総当たりのじゃんけんを行うために，6人の班の形をつくり，左下図のように回って1回ずつ相手を変えながら対戦します（図の右下の位置に回ってきた生徒は1回休みになります）。

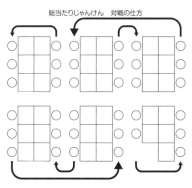

予想とは異なる結果を得る

　それぞれの対戦は1回勝負とし，「あいこ」になった場合はそのまま終わりにします。1回勝負に限定することには2つのねらいがあります。1つは効率よくデータを収集できるようにすることです。2つめは1回勝負にすることで，生徒の予想と実際の結果にずれが生じるようになることです。これも展開の工夫の1つです。予想通りの結果になることよりも予想と異なった結果になる方が，生徒はデータ収集の大切さを感じることができます。

複数の項目のデータ収集を行う

　活動を取り入れることで，生徒は楽しんでデータを収集することができます。1回じゃんけんを行うごとに対戦結果を右のようなワークシートに記録していきます。ワークシートでは，対戦結果の他に「グー」「チョキ」「パー」の中で，自分が出したものを記録させています。

　後述しますが，対戦結果だけでなく，他の要素も同時に収集しておくことで，複数の観点から分析を行うことのきっかけをつくることができます。対戦を行う前に，データとして何を記録するかを話し合う活動を取り入れてもよいでしょう。

結果を共有し，考察を深める

　すべての対戦を終えた後に，結果を全体で確認します。実際の授業で何回勝ったかを聞いてみると，11勝，12勝という生徒が多く，半分以上勝った生徒はほとんどいませんでした。

生徒は，この結果から，「上位5人までの人が入っている14勝以上した人が強い」「中央値が11勝なので12勝以上の人が強い」などそれぞれの考えを発表しました。

　正解があるわけではないので，自分の考えを理由をつけて発表できるようになることが目標です。実際にデータを収集することで，生徒は「上位5人」「中央値」など，根拠を示しながら自分の考えを述べることができるようになります。

PPDAC サイクルの2周目につなげる

　学級全体で考えを共有して，活動は終了になります。

　しかし，生徒の興味は対戦結果だけには終わらないようです。データ収集の中で，「対戦結果」だけでなく，「自分が何を出したか（グー・チョキ・パーのどれを出したか）」も記録させています。生徒の中には，意図的に「グー」ばかりを出した生徒もいました。また，「チョキを出すといつも負ける」と発言する生徒もいます。生徒は，対戦結果の分析だけでなく，自分のじゃんけんの傾向，グー・チョキ・パーの出し方に偏りがないかなどから，出すものによって結果が違うかに興味を示します。これは，1つのデータを別の観点から見直すことにもつながります。

　このように，データ収集の際に，複数の項目を記録しておくことで，PPDAC サイクルの2周目につなげやすくなります。

　単元の前半，習得の段階では既存のデータを読み解く活動が中心になります。しかし，活用の段階では，自分自身で収集したデータの方が，活動が活発になります。日常生活で起こる出来事や自分にかかわる事柄であればあるほど生徒は熱心に活動します。日常の事象に数学の目を向けること，数学の手法を使って分析することで，新たな発見があるように授業を展開していきたいところです。

（石綿健一郎）

教材・教具づくり

生徒の理解を助ける
教具づくりの技術❶（数と式）

POINT
- 現実の問題として考え得る場面を設定する
- 教具を使って問題解決の確かめをする

1 現実の問題として考え得る場面を設定する

海中からまっすぐにのびる建物にエレベーターがあり，今このエレベーターが海面の高さを通過します。このエレベーターが海中から空中に向かって1秒で2m進んでいるとき，
①このエレベーターは3秒後どこにいますか。
②このエレベーターは3秒前どこにいましたか。

右の教具は透明なエレベーター（2人乗っている）が極細の糸で釣り上げられたり，下ろされたりできるようになっています。
T 海面から2m間隔の距離をどのように考えますか？
S 海面を基準の高さ0mと考えそれより空中に向かって，＋2m，＋4m，＋6m，…。また，海中に向かって，－2m，－4m，－6m…と考えます。
T 空中に向かう速さについてはどうですか？

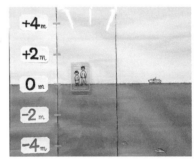

S （＋２）ｍ／秒です。
　①，②について，エレベーターが向かう方向などから次の立式となります。
① （＋２）ｍ／秒×（＋３）秒＝＋６ｍ
② （＋２）ｍ／秒×（－３）秒＝－６ｍ

> 　このエレベーターが海中に向かって１秒で２ｍ進んでいるとき，
> ③このエレベーターは３秒後どこにいますか。
> ④このエレベーターは３秒前どこにいましたか。

　今度は２人の乗っているエレベーターを下げていきます。
　③，④では，生徒から次のような式が得られました。

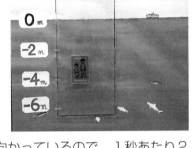

③ （－２）ｍ／秒×（＋３）秒＝－６ｍ
④ （－２）ｍ／秒×（－３）秒＝＋６ｍ
T　この式はどういう意味かな？
S　③については，海中にエレベーターが向かっているので，１秒あたり２ｍ海中に向かう速さは，（－２）ｍ／秒。３秒後は（＋３）秒と考えました。
　④については，３秒前は（－３）秒で，そのとき空中６ｍの高さにいたことになることから，このように立式しました。

2 教具を使って問題解決の確かめをする

　海面より下の位置（海中）＝マイナスの距離というイメージから，その方向に向かう速さを負の量ととらえることは自然な感覚と思われます。上下に動く乗物の速さを正負の量としてとらえることの抵抗は少なく，そのことを積極的に取り入れる考えが先の立式です。
　そして，教具のエレベーターを上下に動かし，式の意味とマッチしていることを確かめます。

（小林　俊道）

教材・教具づくり

生徒の理解を助ける
教具づくりの技術❷（図形）

POINT
- 生徒全員に教具を作成させる
- 生徒一人ひとりに自分のデータで確かめさせる

教室の天井の高さを，相似を使って計算で求めます。どうすれば高さが求まるでしょう。また，必要なデータは何かを考えよう。

1 生徒全員に教具を作成させる

まず，左下のような測定具（縦21cm，横12cmの厚紙等）をつくります。

○＋△＝90°
○＋☆＝90°
したがって，
☆＝△ …①

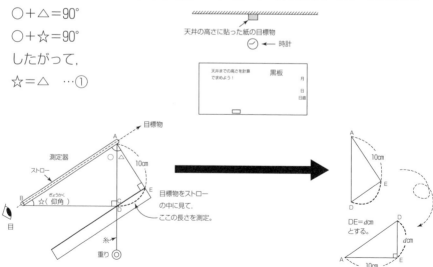

黒板の上の方で天井に貼った紙が目標物で，この目標物の床からの高さを測ります。

2 生徒一人ひとりに自分のデータで確かめさせる

　生徒がいすに座った状態で，目標物の真下までの水平距離と測定器までの高さは紙テープで授業者が測ります。

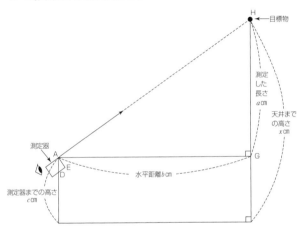

∠E＝∠G＝90°，①より∠DAE＝∠HAG
よって，2組の角がそれぞれ等しいので，△AED∽△AGH
したがって，対応する辺の比により，
$10 : b = d : a$　より，$a = \frac{bd}{10}$ (cm)
これに，測定器までの高さ c を加え，天井（目標物）までの高さ x は，
$x = \frac{bd}{10} + c$ (cm)
　この式に基づいて，生徒一人ひとりがそれぞれ自分のデータにより目標物までの高さを計算します。実際に天井（目標物）まで床からの高さを紙テープで測定した値と生徒の計算結果を突き合わせてみると，ほとんどの生徒は誤差が10cm未満でした。理論上の計算値と実際に求めた高さを突き合わせたことで，「相似で身近なものの高さを計算することができてすごいなと思いました」という感想が見られました。

(小林　俊道)

教材・教具づくり

生徒の理解を助ける
教具づくりの技術❸（関数）

POINT
- 教具を使って様々な場合を確かめる
- 実験のデータから立式させる

1 教具を使って様々な場合を確かめる

　右図のような竿ばかりで容器に10円玉を1枚入れたとき，重りが支点から何cmの距離のところでつり合うと思いますか。

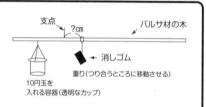

　上の問題について実験して確かめてみると，結果は4cmでした。
　そこで次に，もう1枚（合計2枚）10円玉を入れ，重りが支点（支点は人差し指で支えます）から何cmの距離でつり合うかを問うと，大半の生徒は8cmと答えます。その根拠は4×2＝8cmです。
　支点より右側に4cmを1目盛りとして目盛りをつけます。
　そして実験してみると，支点から11cmの距離（3目盛りより少し少ない位置）でつり合いました。そこで，さらにもう1枚10円玉を容器に入れたとき（合計3枚），重りが支点から何cmのところでつり合うかを問います。
　今度は，すでに明らかになった2つのデータを基に，3枚では18cmの距離（4目盛りと5目盛りの真ん中と認識できる）であろうと予想した生徒が多数でした。つまり，10円玉が1枚増えると重りが支点から7cm右に移動する

と考えたわけです。実験の結果は右の写真のように，予想通りの結果になりました。

さらに，「1枚も10円玉を容器に入れなかったら，どこに重りがあるか」について考えます。

つまり，重りが0枚の場合について考えるということで，ここまでの解決を踏まえて予想します。授業では，支点からの距離が0cmという予想が圧倒的に多く，−3cmという予想（重り1枚のとき支点から右に4cmのところでつり合うので，そこから7cm左に重りをずらす）に対して，そうはならないのではないかという声が上がったところで実験してみると，支点から左側に3cmのところでつり合いました。

10円玉が1枚も入っていない状態

2 実験のデータから立式させる

「10円玉の枚数を8枚にしたら重りはどこでつり合うだろう？」
この発問で，次のように考えてその距離を53cmと求めました。
$-3+7\times 8=53$cm…① $4+7\times 7=53$cm…②
実際にこの場合の実験をすると重りがその距離でピッタリつり合いました。

> 10円玉が x 枚，支点から y cm離れたところに重りを下げてつり合うとしたとき，y を x の式で表そう。

この発問から，一次関数の式を導き出します。上の①，②からそれぞれ，$y=-3+7\times x$，$y=4+7(x-1)$ となり，$y=7x-3$ が導かれます。

（小林　俊道）

導入

授業モードに素早く切り替える
アイスブレイクの技術（1年）

1 何を表しているのかな？（文字と式）

⑴問題

$\frac{1}{2}(a + b)h$ は何を表しているのでしょうか。

⑵答え

　台形の面積の公式

⑶導入で扱うポイント

　「文字と式」の単元の中で，「関係を表す式」の学習をします。文章題において，等しい関係を等式に表す学習をした後，上の問題を提示します。これまでは文章題を文字式に表す「順思考」でしたが，今度は文字式から何を表すのかを考えさせる「逆思考」のしかけを使います。生徒の頭には文章題があるため，上記の問題を提示されても「？」です。

　「この式は，ある公式を表しています」

　少しヒントを投げかけると，ピンとくる生徒がいるので，彼らにもヒントを言わせます。

　「ある面積を表しています」

　「h は高さを表しています」

　生徒は徐々に台形の面積の公式であることに気づき始めます。

　「では，$2(ab + bc + ac)$ は何を表していますか？」

　「逆思考」のしかけはクイズ感覚の要素があるため，生徒は自然と授業に引き込まれます。

2 カレンダーの秘密（文字と式）

⑴問題

下の表は，ある月のカレンダーです。
太線で囲まれた5つの整数の和を求めなさい。

日	月	火	水	木	金	土
					3	4
5	6	7	8	9	10	11
12	13	14	15	16	17	18
19	20	21	22	23	24	25
26	27	28	29	30	31	

⑵答え

75

⑶導入で扱うポイント

まずは普通に計算させます。

$8＋14＋15＋16＋22＝75$

ところが，もっと素早く計算できる生徒がいます。

「$15×5＝75$でできます」

なぜその式で計算できるのかを全員で考えさせます。

	$n－7$	
$n－1$	n	$n＋1$
	$n＋7$	

$(n－1)＋(n＋1)＋(n－7)＋(n＋7)＋n＝5n$

はじめに面倒な計算をさせるからこそ，文字式のよさが際立ちます。

第2章　今日から使える数学の指導技術51　79

3 ランドルト環のしくみ（比例と反比例）

(1)問題

> ランドルト環のしくみを考えよう。

(2)答え

$y = \dfrac{7.5}{x}$ の関係になっている。

(3)導入で扱うポイント

視力検査で使われている環の一部分にすき間が開いている図形は，フランスの眼科医エドマンド・ランドルトによって考案され，これを「ランドルト環」と言います。

視力 x

視力を x，環の外側の直径を y mmとすると，x と y の関係は下の表のようになる。

x	0.1	0.2	0.3	0.4	0.5	0.6
y	75	37.5				

$x = 0.3$以降の y を空けておくことがポイントです。きまりに気づいた生徒は，$x = 0.3$のとき y の値は25であることを容易に求めることができます。

「なぜそうなるのかを考えましょう」

対話の末，$y = \dfrac{7.5}{x}$ という関係式が成り立つことが導き出されます。

x	0.1	0.2	0.3	0.4	0.5	0.6
y	75	37.5	25	18.75	15	12.5

視力2.0のときの幅3.75mm。あまりの小ささに，生徒は驚きます。

4 円柱の性質（空間図形）

(1)問題

> 円柱の頂点・面・辺の数を求めなさい。

(2)答え

頂点…0個　面…3面　辺…0本

(3)導入で扱うポイント

授業の導入ではありませんが，授業の途中で生徒の関心を引きつける問題です。

立体	三角柱	四角柱	五角柱	百角柱	円柱
頂点の数	6	8	10		
面の数	5	6	7		
辺の数	9	12	15		

三角柱・四角柱・五角柱の頂点の数・面の数・辺の数を考えさせます。

「では，百角柱の頂点の数・面の数・辺の数を求めなさい」

五角柱までの段階で，まだ公式には触れません。数が大きくなるからこそ，公式の必要性が生まれるからです。

百角柱の頂点…200個　面…102面　辺…300本

なぜそうなるのかを問います。そこではじめて公式が生まれます。

n 角柱の頂点…$2n$（個）　面…$n+2$（面）　辺…$3n$（本）

「では，円柱の頂点の数・面の数・辺の数を求めなさい」

教室は一気に活気づきます。公式が通用しないからです。見取図や展開図をかき始める子もいます。対話の末，展開図が役立つことに気づきます。面の数は底面が2つと側面が1つで3面。頂点・辺は「なし」となります。

（伊藤　邦人）

第2章　今日から使える数学の指導技術51　81

導入

授業モードに素早く切り替える
アイスブレイクの技術（2年）

1 なわとびの練習（式の計算）

(1)問題

太郎君がなわとびの練習をしました。1日目に1回，2日目は2回，3日目は3回，…と毎日1回ずつ回数を増やしていきました。さて，99日目までに全部で何回練習をしたことになりますか。

(2)答え

$1＋2＋3＋…＋99＝4950$（回）

(3)導入で扱うポイント

1から99までの自然数の合計を計算する問題で，連続した自然数の和を求める方法を考察するとともに，1からある自然数 n までの和を文字式で表す $\frac{n(n+1)}{2}$ の考え方につながります。

はじめに，1から9までの9個の自然数の和を考え，$(1＋9)＋(2＋8)＋(3＋7)＋…$のように両端の数をペアにして加えることで10をつくります。式の中に同じ数をつくることで加法を乗法にとらえ直すことができ，計算が簡単にできます。この場合は10が4ペアできて中央の5が余ることから，$10×4＋5＝45$となります。ここで考察させたいことは1～9までの自然数の中央の数5です。$5＝\frac{1+9}{2}$より，1～nの中央の数は$\frac{n+1}{2}$となります。その数を「平均値」ととらえると，合計＝平均値×資料の数で計算できます。問題の1，…，99の平均値は$\frac{1+99}{2}＝50$であり，その合計は$50×99＝4950$となります。このことから1からnまでの自然数の平均は$\frac{n+1}{2}$であり，合計は$\frac{n(n+1)}{2}$となることがわかります。

2 お弁当の個数（連立方程式）

(1)問題

> 花子さんはお昼のお弁当で，260円の弁当Ａと，390円の弁当Ｂを合わせていくつか買い，合計が2080円でした。弁当Ａの方が多かったとき，花子さんは弁当Ｂを何個買いましたか。

(2)答え

2個

(3)導入で扱うポイント

方程式の問題ですが，未知数として「弁当Ａの個数」と「弁当Ｂの個数」の2つあるため，xとyを使った二元一次方程式となります。しかし，連立方程式とは異なり，1つの等式にしか表すことができません。そこで，その等式の特徴をとらえ，論理的に考察して弁当の個数を決定していきます。

花子さんは弁当Ａをx個，弁当Ｂをy個買った，として方程式をつくると，

$260x + 390y = 2080$（xもyも自然数）

この式は両辺ともに130でわることができるので，

$2x + 3y = 16$

$2x = 2 \times x$は偶数，$3y$との和16も偶数なので，$3y$も偶数のはずです。しかし，3は奇数なので，yの方が偶数でなければなりません。

そのため，$y = 2$，4，6，8，…と考えられます。

しかし，$3y$は，$2x$と合わせて16なので，16を超えません。

このことより，$y = 2$，4となります。

$y = 2$のとき$x = 5$，$y = 4$のとき$x = 2$ですが，問題よりxはyより大きいので，$x = 5$，$y = 2$となり，花子さんが買った弁当Ｂは2個です。

問題を解くキーワードは，自然数・偶数・奇数・超えない・より大きい，などで，用語に注意する必要性を感じさせることができます。

第2章　今日から使える数学の指導技術51　83

3 遊園地で使った金額（一次関数）

⑴問題

　一郎君は，土曜日に遊園地でゴーカートに１回だけ乗り，700円使いました。次の日曜日には２回乗ったので，1000円使いました。とても楽しかったので，次は３回乗ろうと思っています。一郎君はいくら使うことになりそうですか。

⑵答え

　1300円

⑶導入で扱うポイント

　遊園地で使った金額を考える問題で，１回で700円，２回で1000円なので，ゴーカートに乗った回数と使った金額が比例関係にあるわけではありません。ここで，実際に遊園地に行ったときにかかった金額を考えてみると，最初に入場料を払わなければなりません。つまり，一郎君が使ったお金は，「入場料＋ゴーカートの代金」ということになります。

　そして，ゴーカート１回のときの700円と２回のときの1000円の違いを考えると，どちらも入場料を払っているので，２つの金額の違いはゴーカートに乗った回数１回分だけです。このことから，ゴーカート１回の代金は，1000円－700円＝300円ということがわかります。

　さらに，土曜日の700円は，入場料とゴーカート１回の300円なので，入場料は700円－300円＝400円ということになります。

　それでは，３回乗るために必要な金額を求めてみると，入場料の400円に，ゴーカート３回分の300円×３回＝900円を合わせた金額なので，合計で400円＋900円＝1300円となります。この遊園地での数量の関係は，一郎君がゴーカートに x 回乗ったときに，使った金額を y 円とすると，$y = 300x + 400$ という一次関数になります。

4 コンパスの跡でつくった角度（三角形と四角形）

(1)問題

> よし子さんは，右の図を見ながら∠ADCの大きさを考えています。何度になりますか。

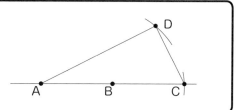

(2)答え

90度

(3)導入で扱うポイント

作図された図を見て，点や線がどのような手順で書かれ，その結果としてどのような図形の性質が明らかになるのか，を考察する問題です。

図中の点の設定順番をアルファベット順と考えると，最初に直線ABがあり，AB＝BCとなる点Cを直線AB上にコンパスで弧をかいて作

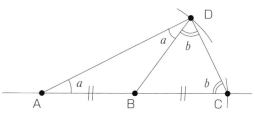

図します。また，もう1つ弧をとり，その上に点DをとってBC＝BDとしています。ここで，よし子さんが考察している∠ADCに着目すると，

∠ADC＝∠ADB＋∠BDC　となるので，

∠ADB＝∠a，∠BDC＝∠b　とおくと，

△ADBと△BDCは二等辺三角形なので，

∠ADB＝∠DAB＝∠a，∠BDC＝∠BCD＝∠b　と表されます。

つまり，△DACの内角の和∠a＋∠a＋∠b＋∠b＝180°です。

これより，2∠a＋2∠b＝180°なので，∠a＋∠b＝90°です。

（宇治野忠博）

導入

授業モードに素早く切り替える
アイスブレイクの技術（3年）

1 どちらが大きい数？（多項式）

(1)問題

次の①，②の計算では，左右どちらの計算結果の方が大きい数になるでしょうか。

①$1233 \times 1235$ 1234^2

②$1002^2 + 998^2$ $1000^2 \times 2$

(2)答え

①$1233 \times 1235 = (1234 - 1) \times (1234 + 1)$
$= 1234^2 - 1^2 < 1234^2$ となり，

$\underline{1233 \times 1235 < 1234^2}$

② $1002^2 + 998^2 = (1000 + 2)^2 + (1000 - 2)^2$
$= 1000^2 + 2 \times 2000 + 2^2 + 1000^2 - 2 \times 2000 + 2^2$
$= 1000^2 \times 2 + 2^2 \times 2 > 1000^2 \times 2$ となり，

$\underline{1002^2 + 98^2 > 1000^2 \times 2}$

(3)導入で扱うポイント

乗法公式を十分使うことができるようになった後に考えさせると，普段の生活に乗法公式が活用できることに気づかせることができます。

86

2 すばやく計算しよう（多項式）

⑴問題

> 下の式を 2 分以内に計算してください。
>
> $$\frac{1}{2}+\frac{1}{6}+\frac{1}{20}+\frac{1}{30}+\frac{1}{42}+\frac{1}{56}+\frac{1}{72}$$

⑵答え

上の式は，

$$\frac{1}{1\times 2}+\frac{1}{2\times 3}+\frac{1}{4\times 5}+\frac{1}{5\times 6}+\frac{1}{6\times 7}+\frac{1}{7\times 8}+\frac{1}{8\times 9}$$ と表せ，

$$\frac{1}{n(n+1)}=\frac{1}{n}-\frac{1}{n+1}$$ より，

$$\frac{1}{1}-\frac{1}{2}+\frac{1}{2}-\frac{1}{3}+\frac{1}{4}-\frac{1}{5}+\frac{1}{5}-\frac{1}{6}+\frac{1}{6}-\frac{1}{7}+\frac{1}{7}-\frac{1}{8}+\frac{1}{8}-\frac{1}{9}$$

$$=\frac{1}{1}-\frac{1}{9}=\frac{8}{9}$$

⑶導入で扱うポイント

　問題 1 と同様に，乗法公式が十分使うことができるようになってから，考えさせます。

　「この分数がどんな規則性で並んでいるのか考えてごらん」

と，ヒントを出してあげるとよいでしょう。

3 $\sqrt{}$ でトランプ

⑴準備

> 下の数字を１つずつ書いたカードを２組，計64枚用意します。
> $\sqrt{1}$, 1, $\sqrt{2}$, $\sqrt{2}$, $\sqrt{3}$, $\sqrt{3}$, $\sqrt{4}$, 2, $\sqrt{5}$, $\sqrt{5}$, $\sqrt{6}$,
> $\sqrt{6}$, $\sqrt{7}$, $\sqrt{7}$, $\sqrt{8}$, $2\sqrt{2}$, $\sqrt{9}$, 3, $\sqrt{10}$, $\sqrt{10}$, $\sqrt{11}$,
> $\sqrt{11}$, $\sqrt{12}$, $2\sqrt{3}$, $\sqrt{13}$, $\sqrt{13}$, $\sqrt{14}$, $\sqrt{14}$, $\sqrt{15}$, $\sqrt{15}$, $\sqrt{16}$, 4

⑵ゲーム

① $\sqrt{}$ で神経衰弱

トランプの「神経衰弱」の要領でカードを裏にして置き，同じ数になる組を取って，多い枚数取った人が勝ちです。

② $\sqrt{}$ でジジ抜き

トランプの「ジジ抜き」の要領であらかじめ１枚カードを抜き，他のカードを全部配って，各自，同じ数を表すカード（例えば，$\sqrt{9}$と３）を捨てていき，カードがなくなった人が，あがりです。

③ $\sqrt{}$ でジジ抜き（乗法バージョン）

同じようにして，各自，２枚のカードに書かれた数の積が有理数になったカード（例えば，$\sqrt{2}\times\sqrt{8}=4$）を捨てていき，カードがなくなった人が，あがりです。神経衰弱も，同じようにしてできます。

⑶導入で扱うポイント

ルートの中の数字をできるだけ小さくする練習問題を十分行った後に，実施します。生徒の実態に応じて，カードに書かれた数の増減（$\sqrt{11}$，$\sqrt{13}$，$\sqrt{14}$，$\sqrt{15}$などの数を外して，$\sqrt{18}$，$\sqrt{20}$，$\sqrt{24}$，$\sqrt{27}$，$\sqrt{28}$，$\sqrt{32}$，$\sqrt{36}$を加えるなど）しても楽しめます。

4 富士山山頂からの見晴らしは（三平方の定理）

(1)問題

地球の半径をおよそ6400kmとすると，雲などの障害や光の屈折などを考えなければ，高度4000m（富士山の山頂が3776m）の地点からは約何km先の地面まで見ることができるでしょうか。

(2)答え

x km先まで見ることができるとします。
$6400 = r$ とすると，右図より，
$x^2 + r^2 = (r+4)^2$
$x^2 + r^2 = r^2 + 8r + 16$
$\quad x^2 = 8r + 16$
$r = 6400$ より，
$\quad x^2 = 8 \times 6400 + 16$
$\quad x^2 = 51216$
$\quad x \fallingdotseq 226$
よって約226km先まで見ることができます。

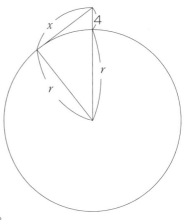

(3)導入で扱うポイント

三平方の定理を十分学習した後に，「ところで，富士山の山頂からどれくらい遠くまで見えるか，三平方の定理で求めることができるんだよ」と投げかけてみます。ただし，正確な数字だと時間がかかりすぎるので，計算を簡略化しています。ちなみに，三重県，新潟県，福島県のあたりまで見ることができることになります。

（松浦　敏之）

発問

問題から課題を
設定する技術

POINT

● 考えに含まれている既習内容を確認する
● いろいろな考えの中から効率的な方法を問う

　多様な考えを比較，検討させる授業では，それぞれの考えにどんな既習内容が使われているのかを理解させることが大切です。そのうえで，生徒の発言から「どの方法がよいのか」という課題として設定し，考える視点を明確にしていきます。

1 考えに含まれている既習内容を確認する

　1年「正の数・負の数」の例で説明します。次の問題を提示します。

> 　正の数と負の数が混じった次の式を，工夫して計算しよう。
> $(+3)+(-5)+(-7)+(+5)$

　ここでは，取り上げ方に工夫が必要です。まず下の①の考えの生徒を指名して発表させ，その後は挙手により，②から④の考えが並ぶように指名していきます（先に④が出ると，①②は出にくくなります）。

①1つずつ，順番に加える

$$\{(+3)+(-5)\}+(-7)+(+5)=(-2)+(-7)+(+5)$$
$$=(-9)+(+5)=-4$$

②2つずつ，順番に加える

$$\{(+3)+(-5)\}+\{(-7)+(+5)\}=(-2)+(-2)=-4$$

③正の数・負の数同士をまとめて計算する

$\{(+3)+(+5)\}+\{(-5)+(-7)\}=(+8)+(-12)=-4$

④異符号で絶対値の等しい数同士を先に計算する

$\{(+5)+(-5)\}+\{(+3)+(-7)\}=0+(-4)=-4$

それぞれ，どんな既習内容が使われているだろう。

　それぞれの考えで，既習内容（交換法則や結合法則）をどのように使っているか，考えのよさを認めながら確認します。

2 いろいろな考えの中から効率的な方法を問う

　4つの考えのよさを確認すると，生徒から，「④が一番簡単だね」といった声が聞かれます。それらを基に，次のような課題（問い）を設定します。

どの計算の方法が最も効率的だろう。

　このとき，すぐに生徒に発表させるのではなく，理由をノートに書かせ，自分の考えをもたせます。

　発表させると，③と④の考えに集中します。そこで，さらに次のように問います。

どんな式でも当てはまるのはどちらだろう。

　この課題を通して，3つ以上の正の数・負の数の加法の計算方法についてまとめます（基本は③の方法だが，特殊な場合は④）。

　いろいろな考えを比較，検討し，考えの視点を明確にする課題設定により確かな学びへと深化していきます。

（田中　義彦）

発問

意味を考えさせる技術

POINT

● 自分とは異なる考え方について説明できるかを問う
● 既習事項との違いに着目できるように問う

「意味を考えさせる技術」は，言い換えれば「生徒に意味を考える必然性をもたせる技術」です。そのために「仲間と自分の考え方に違いがある」「既習事項と学んでいることに違いがある」ことへの気づきを促す働きかけを紹介します。

1 自分とは異なる考え方について説明できるかを問う

中学校1年生「文字と式」の導入場面を例に説明します。「文字を用いることの必要性と意味を理解すること」がねらいです。

正方形が n 個並んだときのストローの本数は全部で何本ですか。

この場面では，次のような考えが出されます。

① $3n+1$（本）　　②$3(n-1)+4$ （本）　　③$4n-(n-1)$（本）

それぞれの式の意味を考えるように促します。例えば，①の式をつくった生徒Aに，どのように考えてつくったのか説明するように指示します。その後，同様に①の式をつくった生徒Bに対し，次のように問います。

> 今のＡさんの説明を自分の言葉で説明できますか？

さらに，①，②の考え方をした生徒に，次のように問います。

> ③の式をつくった人がどうやって考えたのか説明できますか？

相手の立場に立って考える状況を意図的に設定し，自分の言葉で語らせるようにすることが重要です。

2 既習事項との違いに着目できるように問う

意味を考える必然性をもたせるには，既習事項との違いに気づかせることが重要です。先ほどの課題の③の考えを例に説明します。

> $4n-(m-1)$ だと，$4n-(n-1)$ とどういう違いがあるのかな？

教師が例を提示し，直接的に違いを問うこともできます。また，直接違いを問わず，次のように問うこともできます。

> 正方形が n 個から１つ増えた場合は，どう表せばいいかな？

この場合，直接問わなくても，正方形が n 個の場合の式との違いを生徒は考えます。結果として，「違う文字を使うと，同じ数かどうかはわからない」「$n+1$ と表すと１つ増えたのがわかる」などの気づきが期待できます。

以上のように，意味を考える必然性を生じさせることは，教師がどういう気づきを生徒にもたせたいかを明確にすることから始まります。

（渡部　智和）

> 発問

理由や根拠を引き出す技術

POINT
- 結論を先に発表させる
- 考えたきっかけを問う

　理由や根拠を引き出すためには、それを発表する側も聞く側も、その必要性を感じていることが大切です。ここでは、その必要性を感じさせるための工夫を具体的な例を通して紹介します。

1 結論を先に発表させる

　例えば、1年「比例と反比例」の授業で、次のような問題について考えているとします。

> 　右の図で、窓を開けた部分の横の長さと、閉じている部分の横の長さは反比例しているでしょうか。

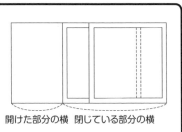

開けた部分の横　閉じている部分の横

　そのときに、理由も添えて意見を述べさせるのではなく、次のように発問し、結論から先に発表させます。

> 　反比例していると思いますか？

すると，反比例していると考えている生徒と，そうではない生徒がいて，意見が分かれていることが鮮明になります。そのようにして，それぞれの考えをもった理由や根拠を知りたいという気持ちを喚起し，双方に次のように問います。

> どうしてそうなると思ったのですか？

　すると，「片方が増えるともう片方も減るから」などの誤った考えも発表されます。使う言葉選びも含め，生徒にとって理由や根拠を述べるのは難しいことです。普段から稚拙だったり間違えたりしている意見にも耳を傾け，大切に扱うことが重要です。

2 考えたきっかけを問う

　例えば，次のような方程式の解き方を考えているとします。

> $2.1x = 0.5x - 3.2$の解き方を考えよう。

　すると，生徒から両辺に10をかけて解く方法が発表されます。そこで次のように問い，そのように考えたきっかけを発表させます。

> どうして両辺に10をかけようと思ったのですか？

　こうすることで，生徒は「小数を整数にしようと思ったからです」などと，両辺に10をかける理由を発表しやすくなります。最後に，10をかけなければこの方程式が解けないわけではないことを確認すると，その理由を発表したり聞いたりした価値が高まります。

（田中　真也）

発問

見方・考え方を働かせることができるようにする技術❶（数と式）

POINT
- 既習事項と同じように考えられないかを問う
- レベルを変えた発問を用意しておく

　自身の力で数学をつくっていく経験をさせ，見方・考え方を働かせることができるようにすることが重要です。既習事項から類推し，数学を見いだし，統合的に見ていく活動ができる場面が数と式の領域ではいくつかあります。ここでは1年「正の数・負の数」の加法を例として，計算方法を類推して見いだし，統合的に見ていくことができるような発問について説明します。

1 既習事項と同じように考えられないかを問う

　東西にのびる道を移動する場面を用い，東への移動を正の数，西への移動を負の数で表します。同符号の加法の意味をこのモデルを用いて指導します。

　（－3）＋（－2）は，P地点から西へ3km進み，そこからさらに西へ2km進んだときのP地点からの位置を表している。
　したがって，
　（－3）＋（－2）＝－5

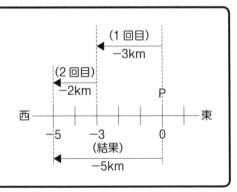

　この学習に続く異符号の加法の学習場面で，例えば，（－7）＋（＋3）の

ような問題を提示し，次のように発問します。

> 同符号の加法のときと同じように考えて和を求めることはできないだ
> ろうか？

　同符号の加法の学習から異符号の加法の計算の意味を類推し，見いださせ
るようにします。

2 レベルを変えた発問を用意しておく

　類推を意図した発問をしても，その意図がすぐには伝わらないこともあり
ます。そこで，指導する生徒の状況に応じて，段階を設けて発問を考えてお
きます。上記の発問で生徒たちの動きが鈍いようならば，最初の発問を一歩
進め，使うもの（図）を提示して次のように発問します。

> 同符号の加法の場合と同じように考えて，図を用いて和を求めること
> ができないだろうか？

　これでも思考が進まないようならば，さらに一歩進め，今度は具体的に考
える対象を提示するような発問を，例えば次のように行います。

> （－7）や（＋3）はどんな移動を表していますか？　それを同符号
> の加法の場合と同じように考えて，図に表すことはできませんか？

　このように，いくつかのレベルで発問を用意し，見方・考え方を働かせる
場面をつくります。「同符号の加法のときと同じように考えて」が大切な部
分で，授業の振り返りの場面で再確認したいところです。これを繰り返して
いくことで，自分自身に問いながら，見方・考え方を働かせることができる
生徒が育っていきます。

（鈴木　誠）

第2章　今日から使える数学の指導技術51　97

> 発問

見方・考え方を働かせることができるようにする技術❷(図形)

POINT
- 結論が成り立つには何がわかればよいかを問う
- 問題を特殊化し,その問題を手がかりにさせる

　図形の性質の証明の指導では,見方・考え方を働かせ,生徒自身が見通しをもって証明に取り組むことができるようにすることが大切です。そのためには,自分自身に問うことができる力を生徒たちが身につける必要があります。ここでは,結論から考えたり,特殊な場合を考えたりすることによって,解決や方法の見通しをもつことができるようになる発問について説明します。

1 結論が成り立つには何がわかればよいかを問う

2年図形の証明の事例で説明します。

　右図のように線分 AP,DP を1辺とする正三角形 PAB,正三角形 PCD があります。
　このとき,AC = BD であることを証明しなさい。

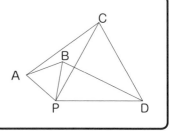

　証明は,記述されるときは仮定から結論に向かって書かれますが,思考の順はそうではありません。実際には,仮定からわかることを考えたり,結論が成り立つにはどんなことがわかればよいか考えたりすることにより,証明の見通しをもち,解決へ向かいます。

そこで，仮定や結論を確認した後に，次のように発問します。

> 結論が成り立つとすると，その前には何がわかればよいでしょう？

この発問で見通しがもてないようならば，次のように発問します。

> 線分 AC や BD を辺にもつ，合同になりそうな三角形の組を探してみましょう。

このように，結論から考える発問を行い，仮定からも考え解決の見通しをもつことにつなげていきます。

2 問題を特殊化し，その問題を手がかりにさせる

△ APC ≡△ BPD を示せばよいという見通しがもてたとしても，三角形の合同をどのようにして証明するか手がかりがつかめないこともあります。このようなとき，特殊な場合をまず考え，それを基にして最初の問題を考えることが有効に働くことが多くあります。

最初の問題の特殊な場合はいくつか考えられますが，例えば，右図のように点 B が辺 CP 上にある場合を取り上げます。ここで大切なのは，この図が最初の問題の特殊な場合であることを伝えることです。そのうえで，この図で△ APC ≡△ BPD となることを証明させ，次のように発問します。

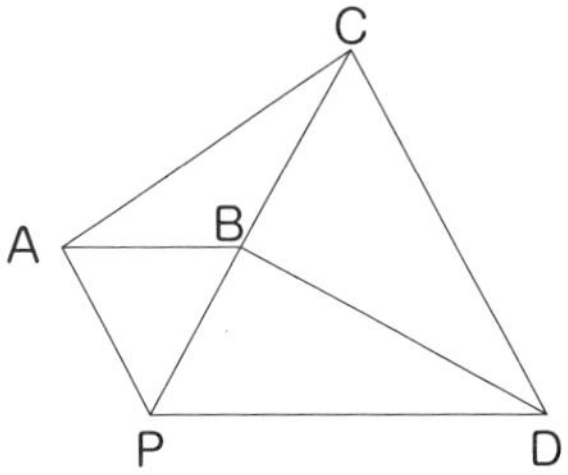

> 特殊な場合の証明を基にして最初の問題の証明を考えてみましょう。

このような場面を設定し，意図的な発問を繰り返し行うことで，生徒自身で見方・考え方を働かせることができるようになっていきます。 （鈴木　誠）

第2章　今日から使える数学の指導技術51　99

| 発問 |

見方・考え方を働かせることが
できるようにする技術❸（関数）

POINT

● データの提示の仕方を工夫し「次はどうなるかな？」と問う
● グラフと事象をリンクさせ，どのように変化するのかを問う

　見方・考え方を働かせるためのポイントは様々ありますが，ここでは生徒が値の「変化」に着目した見方をしていくための指導を考えます。

1 データの提示の仕方を工夫し「次はどうなるかな？」と問う

　直方体の形をした熱帯魚の水槽に，水道から水を継ぎ足していくと，時間と高さの関係は，次のようになりました。

時間（分）	0	1	
高さ（cm）	8	10	

　すべてを見せないことがポイントで，まず0分，1分のデータだけを見せ，次のように問います。

　この次はどうなるかな？

　シンプルですが，この問いかけが重要です。生徒は2つのデータから変化量を読み取り，「2分後は12cmだ！」と予想します。ここですぐに見せるのではなく「なぜそう考えたの？」と問います。というのは，ここでそう考え

100

る生徒は前提として「変化量は一定である」と考えており，それを顕在化するためです。自ずと変化の割合に着目していきます。

2 グラフと事象をリンクさせ，どのように変化するのかを問う

　グラフを，点の集合としてだけでなく，裏側にある事象をイメージしながらとらえることは重要です。例えば，比例定数によるグラフの変化をとらえられない生徒は少なくありません。そこで，次のような，式や表を介さずにグラフと事象の関係を問う課題を扱っておきます。

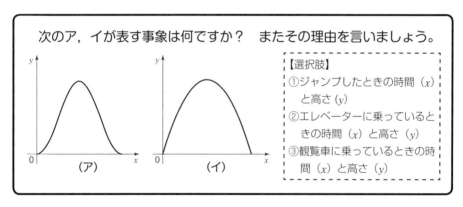

　ここでは，正解を答えることが目的ではなく，x軸を0から大きい方にたどりながらその変化をとらえさせます（例えば（イ）ならば，最高点に行くまで段々遅くなり，そこからまた段々速くなる）。

　この考察を踏まえ，2乗に比例する関数のグラフの，例えば$y=x^2$と$y=2x^2$のグラフの違いを考える際には，<u>$y=2x^2$のグラフをかく前に</u>，まず，

> $y=x^2$はどのような変化をする事象でしょうか？

と問います。原点から見ると「段々増えていく」と考えるでしょう。このことを踏まえると，比例定数に2をかけるということは，変化の仕方が増えるわけですから，自ずとグラフの概形が見えてくるはずです。

（峰野　宏祐）

> **発問**

見方・考え方を働かせることが
できるようにする技術❹（データの活用）

POINT

- 2つのデータセットを比較し「怪しい結論」を示す
- いろいろな観点から考察できるようにデータを集める

　データの活用では，「統計を活用した問題解決」や「データの批判的な考察」ができるようになることが求められています。ここでは，統計の見方・考え方を働かせながら，それらに主体的に取り組むための方法を紹介します。

1 2つのデータセットを比較し「怪しい結論」を示す

あるボウリングチームでは，次の大会に参加する代表選手を1名決めようとしています。候補である2人の選手の記録は右の通りです。（記録は最近1週間）

	A選手				B選手		
218	202	199	136	173	176	182	173
160	189	169	215	145	184	164	194
208	151	178	168	198	166	188	183
178	175	187	187	165	159	155	158
186	137	162	176	170	155	175	173

　1年「資料の活用」の例です。この2選手から代表を選ぶとき，何もない状態から考察しようとすると，つい「代表値が〇〇だから…」といった判断に終始しがちです。そこで立場を「アドバイスする側」に設定します。

監督は「平均値の高いA選手を選ぼう！」と言っています。果たしてそれでよいでしょうか…？　データを基に説明しましょう。

「よいでしょうか…？」という問いの裏には，反語のように「いや，よくない！」という答えがあります。誘導的ですが，こういったことを機にデータを批判的に見る目が育っていけばよいと考えます。

　ただ，ここから丸投げではなく，「平均値だけで選ぶことの何がよくないのだろう？」と聞いておくことがポイントです。すると生徒は「平均値とは何なのか」をもう一度考えることになります。例えば，外れ値に影響を受けやすいことや，同じ平均値でも記録の範囲が違うことがあるなど，「分布」に目が向きます。そうしたら「分布に目を向けて，もう一度データを基に選び方を考えて，監督にアドバイスをしよう」と投げかけます。

2 いろいろな観点から考察できるようにデータを集める

　ここでも1年「資料の活用」の例を紹介します。ストップウォッチを用いて，目をつぶって10秒ぴったりに押す感覚を測るゲームを行うとします。このデータを集めて実際に分析に使おうとするとき，例えば，個人の記録を書くアンケート用紙に，何を質問項目として書くか，ここを生徒と検討してみます。すなわち，次のように発問します。

10秒ぴったりに押す感覚のよい人はどんな人でしょう？

　陸上部の人は普段使っているからうまいかもしれません。利き腕が関係しているかもしれません。はたまたもっと全然関係なさそうなことかもしれません。すなわち「要因を分析しようとする見方」が働きます（あくまでサンプルですから，結論が正しいとは限りません）。生徒があげた観点でアンケートを取り，集まったものを用いて，観点ごとにデータを集計していきます。集めたデータは大体総数が違いますから，相対度数を使う必然性も生じます。

　項目が増えると処理が煩雑になるような気もしますが，表計算ソフトを使えばさほど負担にもなりません。むしろ，生徒の興味に基づいた，アクティブな問題解決が期待できます。

（峰野　宏祐）

発問

問題解決を振り返りながら
発展・一般化を促す技術

POINT

● 問題解決を振り返りながらどのような条件があったかを問う
● 明らかになった条件を変更すること（What if not?）を問う

　本時の問題の解決の結果を得た後，問題解決について振り返ります。それは，結果だけでなく過程で用いた数学的な見方・考え方もありますが，ここでは問題の条件の振り返りから，新たな問題を見いだし，数学的追究をし続ける発展・一般化できることを紹介します。

1 問題解決を振り返りながらどのような条件があったかを問う

　3年「多項式」の事例で説明します。次のような問題が出されたとします。

> 　連続する奇数では，大きい方の数の2乗から小さい方の数の2乗をひくと8の倍数になることを証明しなさい。

それに対して，例えば，次のような解決が得られたとします。

連続する奇数を，$2n-1$，$2n+1$とすると，
$$(2n+1)^2-(2n-1)^2=(4n^2+4n+1)-(4n^2-4n+1)$$
$$=8n$$
よって，8の倍数となると言える。

この問題解決に対して，次のように問います。

104

> この証明ではどのような条件がありましたか？

　シンプルな発問です。３年生の段階では，「連続する」「奇数」「数の２乗」「ひく」という条件があることに気づくことができます。

2 明らかになった条件を変更すること（What if not?）を問う

　明らかにした「連続する」「奇数」「数の２乗」「ひく」という条件を変更することを問います。

> 「連続しない」奇数だったら，どうなるだろうか？

> 「奇数」でなく「偶数」だったらどうだろうか？

> 「連続しない」「偶数」だったら，どうなるだろうか？

　条件を変更しても同じ結論が得られるのか，条件を変更することで別の結論が得られるのか，条件を変更したことで結論としてまとめられるものは得られないのか，を追究してきます。これが，発展・一般化となります。

　この例では，「２つの奇数では，大きい方の数の２乗から小さい方の数の２乗をひくと８の倍数になる」という結論が得られます。

　条件を変更すること（What if not?）による追究の中には，きれいな結論を得られないものも，すべての生徒に要求すべきでないものもあります。しかし，数学が好きという生徒には，自分で問題を見いだし，追究し，レポートとしてまとめる経験をさせたいものです。

（鈴木　明裕）

> 板書

授業の流れを
わかりやすく示す技術

POINT
- 問題の解決過程がわかるように構造的に示す
- 矢印などを用いて生徒の思考過程を整理する

　板書は生徒が問題を解決していく様相を表現する道具であり手段であるため，授業を支える屋台骨です。板書の役割は次の６点であると考えます。
①問題を提示して生徒に考えるきっかけを与えること。
②予想の結果を示すことで解決する必要感を高めること。
③個人思考で生じた考えや疑問を学級全体の課題にすること。
④集団解決の場面で生徒の考えを整理すること。
⑤新たに獲得した知識・技能，数学的な見方・考え方をまとめること。
⑥練習問題を提示して理解の定着を図ること。

1 問題の解決過程がわかるように構造的に示す

　授業の流れをわかりやすく示す板書を目指すためには，問題の解決過程がひと目でわかるように板書することがポイントになります。

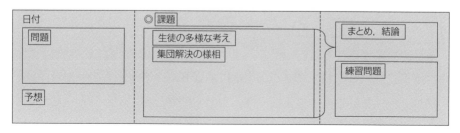

　図のように，黒板を大きく３つに分割し，「問題→予想→課題→生徒の考

106

え→まとめ→練習問題」という問題解決の流れを明確にした構造的な板書を基本としています。このような板書を継続することで，生徒のノートへの記述も整理され，主体的な学びを保証することにつながります。

2 矢印などを用いて生徒の思考過程を整理する

　授業の流れをわかりやすく示す板書を目指すためには，問題の解決過程や生徒の多様な考えを矢印やかっこなどを用いて，関連づけたり整理したりすることが大切です。

　具体例として，1年「空間図形」の「柱体の体積」を取り上げます。

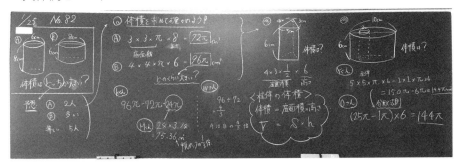

　黒板の左側の部分には，問題文をはじめ予想の結果など，授業の導入部分を板書します。予想の結果を確かめるために「体積を求めて確かめよう」という課題が生じているため，矢印を用いて予想から課題に至る解決過程を示しています。黒板の中央の部分には課題を解決する様相を板書します。この場面では，円柱の体積は，「底面積×高さ」で求められることが見いだされるため，三角柱でも求められることを確認しました。ここでは中かっこを用いて考え方を関連づけています。黒板の右側の部分にはまとめや練習問題を板書します。練習問題では2つの考えが出されましたが，矢印を用いて2つの考えの違いを整理しています。

　最後に，生徒自身が板書をして説明する活動を積極的に位置づけ，生徒とともにつくり上げる板書を目指したいものです。

(菅原　　大)

板書

ねらいに応じて
構造的に示す技術

POINT

●全体を把握したうえで，その学習内容や解法を明らかにする
●領域内の関係をわかりやすく整理する
●黒板の形を有効に活用して理解を深めさせる

　生徒は，数と式や図形，関数などの内容を系統立てて学んでいます。しかし，今まで学んだ学習内容が，互いにどんな関係にあるのかを知ることは難しいものです。生徒は中学校３年間の学習内容を見通して授業を受けているわけではなく，今日学ぶ内容は今日で完結しているからです。

　そこで，板書を通して学習内容を構造化することで，生徒の頭の中でそれらを統合していくことが考えられます。

　ここでは，黒板の左上から板書を始めるのではなく，黒板を生徒のノートに見立てて，生徒のノートを横にして書くように伝え，学習内容を構造的に示していく実践を紹介します。

1 全体を把握したうえで，その学習内容や解法を明らかにする

　次ページ冒頭の写真は，３年生の２月に行った授業の板書です。この授業を行ったとき，生徒はすべての学習単元を終わらせ，３年間の復習を行っている時期でした。

　生徒たちは「長さを求めなさい」という問題に対して，「図形と相似」の単元では相似を活用して長さを求め，「三平方の定理」の単元では三平方の定理を活用して長さを求めることができるようになっています。しかし，３年間の復習の中で長さを求める場合，相似や三平方の定理を相互に活用しな

108

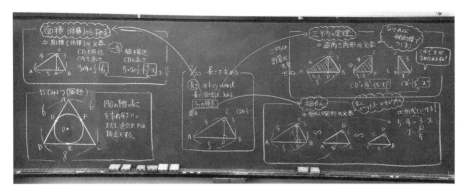

がら問題を解いていくことになり，生徒はどのような方法で長さを求めていけばよいのかがわからないことがあります。そこで，それぞれの単元で得た知識をどのように活用していけばよいのかを確認するための板書が必要になります。

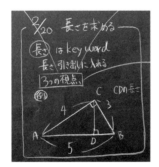

　まず，上の写真のように黒板の真ん中に CD の長さを求める問題を書きました。
　そして，
「CD の長さを求めるために最低３つの方法があるね。わかるかな？」
と生徒に問いかけてから授業を始めました。
　生徒からは「相似」や「三平方の定理」という言葉が出てきたので，上の写真の「３つの視点」という部分から線を引っ張って板書をしていきました。今回は右上の三平方の定理からかき始めました。そして，右下の相似，最後に左上のような，面積を使って長さを求める方法について板書を行いました。

第２章　今日から使える数学の指導技術51　　109

そして，生徒とともに長さを求める方法は最低3種類あることを確認した後，最後に宿題として，右下のような問題を提示して授業を終えました。

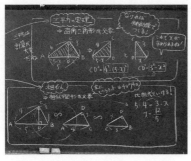 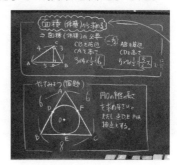

　生徒の頭の中では，知識が相互につながっておらず，独立した状態にあるとき，互いの知識をつなげるのに有効であると考えます。

2 領域内の関係をわかりやすく整理する

　教科書では学習内容が領域ごとに発展していくように構成されています。例えば，1年生では「比例と反比例」を学習し，2年生では「一次関数」，3年生では「関数 $y = ax^2$」を学習します。しかし，このような系統性に対する生徒の意識が低いまま，学習を進めてしまいがちです。

　そこで，2年「一次関数」の単元で，比例との系統性を意識させることで，一次関数はまったく新しい学習事項ではなく，比例の学習の延長線上にあることを理解させたいと考えました。また，比例定数の意味やグラフの傾き具合の意味を確認するといった学び直しも行いたいと考え，次ページ冒頭のような板書をしました。

　1年生の比例の学習では，「バケツに水を入れる」ということから授業を進めていったので，2年生の一次関数でも同様に「バケツに水を入れる」という具体例を使って，1年前を想起させながら授業を行いました。

　まず，空のバケツと水が入っているバケツを教室へ持って行き，「覚えている？」と投げかけ，授業を始めました。黒板を上下に区切る線を引き，生徒のノートも横にして同じように上下に区切る線を引かせました。それから

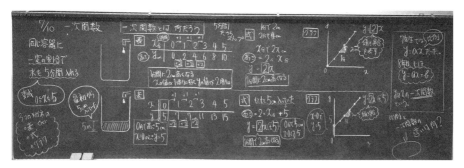

比例の表（区切り線の上）を完成させた後に一次関数の表（区切り線の下）を考えさせました。

　次に，比例の式を生徒と確認した後，一次関数の式を考えさせるという順番で授業を進めました。比例の学び直しだけでなく，比例と一次関数の共通点や相違点を確認することができ，その後の一次関数の学習に有効です。

3 黒板の形を有効に活用して理解を深めさせる

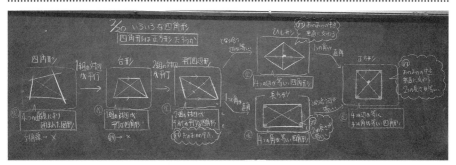

　最後は2年生のいろいろな四角形の学習の板書です。生徒にはノートを横にするように指示し，左から四角の枠を6つかきました。一番左の枠には四角形とその定義を示し，その後条件を加えていき，それがどんな四角形になるのかを生徒に考えさせ，最後に確認を行いました。左から右に進むにつれて条件が多くなり，最終的には正方形になるということを，目で見てノートにかくことで，頭の中で整理できるので有効です。

（村井　快彰）

第2章　今日から使える数学の指導技術51　111

板書

見方・考え方を
可視化する技術

POINT

- 「発想の源」を問う
- 共通点を問う

　集団解決の際，「なぜそうなるのか」という論理的な説明はよくされます。しかし，それだけでなく，「どうしてそう考えようと思ったのか」という問題解決の着眼点も問いたいものです。また，様々な解き方が出された後は，「すべての解き方に共通する考え方は何か」と考え方の共通点も問いたいところです。

1 「発想の源」を問う

　本時は場合の数の学習の導入です。

　　赤と青のサイコロを振って出た目の差で一番よく出る数はいくつ？

　様々な数の差ができることを確認した後，自力解決を行い，集団検討を行いました。その際に出てきた解法としては，「差の数を固定して，その差になる出た目の組み合わせを考える」「赤のサイコロの目を固定する」「表にする」等がありました。

　それぞれの解法が出された際，

　　どうしてそうしようと思ったの？

と発問しました。すると、「順番がぐちゃぐちゃだと見落としちゃうから」「見落としてしまうから、表に表すといい」という「発想の源」が出され、それを板書に残しました。

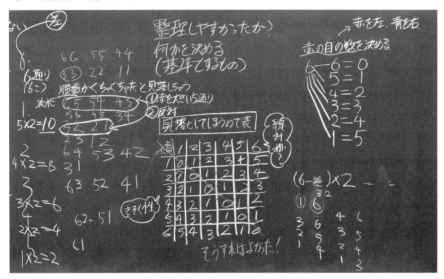

2 共通点を問う

> すべての考え方に共通する考え方は何かな？

　すべての解法の説明の後、上記のように発問しました。「何かを決める」「基準とするものを決める」という考え方が同じだと返ってきたので、これを板書に残しました（板書写真参照）。この考え方は、場合の数の単元を通して重要なものであり、他単元においても使う汎用性の高い考え方です。
　大切なことは、本時で学習した知識・技能の内容や、公式などの形式を押さえるだけではなく、それらをつくり出すために大切な見方・考え方を共有し、それを板書に残すことです。

（加固希支男）

板書

生徒の考えを関連づけながら まとめる技術

POINT
- 生徒の思考に沿った板書の構造にする
- 板書とノート（ワークシート）を関連させる
- 生徒の考えの共通点・相違点を強調する

　板書は１時間の授業の流れを明確にし，生徒の思考の跡が残されるべきです。たとえ授業内で活発な話し合いがなされ，よい考えが生徒から導き出せたとしても，その流れが明確に残されていないと１時間の授業を通して何を学習してきたのかが曖昧になってしまうことがあるからです。授業を終え，時間が経っても一連の学習の流れ・思考の流れが明確に思い出されるように板書し，ノート指導をしていく必要があります。そこで，生徒の考えを関連づけながらまとめるために工夫していることを紹介します。

1 生徒の思考に沿った板書の構造にする

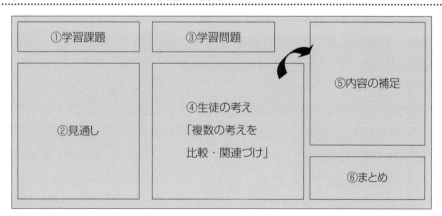

基本的な板書の構造をつくり，授業を展開していくことによって，生徒の思考の流れを明確にします。また，生徒の考えを関連づけながら本時のまとめにつなげていくことを意図しています。この板書の構造は一般的な形であり，授業内容や生徒の実態によって変わってくることもありますが，板書の基本的な流れを生徒にも理解してもらえるようにしています。

①**学習課題**
　学習課題（問題）はどの授業でも必ず決めた場所に記入します。

②**見通し**
　本時の学習課題に対する見通しを記述します。必要があれば，前時の振り返りやその時点での問いを残します。

③**学習問題**
　問題解決をする際に考察する必要がある「問い」を記述します。

④**生徒の考え**
　生徒から出てきた考えをまとめます。ここでは，教師が生徒の意見を聞いてまとめる場合や生徒自身に記述させる場合などが考えられます。どの場合に

おいても，複数の考え方を取り上げ，比較・関連づけしていきます。

⑤**内容の補足**
　生徒の考えに補足がある場合にはつけ足すようにします。その際，生徒の考えと補足内容とを関連づけながら記述するようにします。

⑥**まとめ**
　授業のまとめをします。基本的には，個々で学習問題（問い）に対する自分の考えを記述させ，それを基にまとめます。

※ICT機器による問題提示なども1つの工夫として考えられます。

2 板書とノート（ワークシート）を関連させる

前ページのような板書の構造で授業を進めたとしても，生徒のノート上で授業の流れがまとまっていないと意味がありません。つまり，板書とノートを関連づける必要があります。ここでは，実際の授業で用いたワークシートを基に説明します。ワークシートは，板書の構造と対応するようにつくっています。①学習課題があり，そこから生まれる問いを③学習問題として記入します。

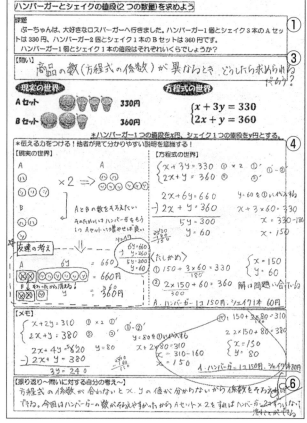

その後，④自分の考えや他者の考えを比較してまとめます。

⑥授業の最後には，まとめとして振り返りを行います。

②見通しと⑤内容の補足については，必要があった場合にメモ欄に記入するようにさせています。この授業では，新たに補足することがないと判断してメモ欄を練習問題として使っています。

生徒が自宅で学習を振り返る際に，ノートを見ることで1時間の授業の流れが鮮明に思い出せるようにしたいと考えています。

3 生徒の考えの共通点・相違点を強調する

　授業の中で特に大切にしたいのが，問題解決の時間です。学習問題に対して，自分の考えをまとめ，他者の考えを参考にすることで自らの考えをさらに深めます。この時間を充実させるためには，問題提示の仕方・自力解決の方法・話し合い活動の形態など様々な工夫が考えられます。板書という視点でも工夫することができると考えます。

　例えば，連立方程式の学習内容で２人の生徒が黒板上に考えを記述しました。それぞれ，「現実の世界」と「方程式の世界」で考察しています。考えを記述させ，発表して終わりにするのではなく，これらの考え方を関連づける必要があります。

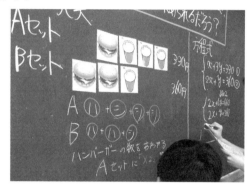

　そこで次のように発問し，発言内容を板書にまとめていきます。

> これらの考え方には，どんな共通点や相違点があるだろう？

　ある生徒は，「現実の世界でＡセットを２セット買うことと方程式の両辺を２倍することは，同じことを意味している。他の式変形も同じように説明できる」と指摘しました。もちろんこの指摘は重要で，現実的な意味と数学の式との相互理解につながります。生徒の考えを紹介して終わるのではなく，共通点や相違点はどこなのかを強調して板書し，それぞれの考え方を関連づけながら授業を進めていくことは大切な視点の１つです。

　授業内容や生徒の実態によっても異なりますが，今回あげた３つのポイントを特に意識して板書するように心がけています。

（和田　勇樹）

板書

ICTを効果的に
活用する技術

POINT
- ワークシートや教科書の図を共有する
- 動きのある板書でイメージをもたせる
- コンピュータの活用で処理時間を短縮する
- 生徒の考えを直接共有する

　ICTを活用した板書の紹介です。コンピュータ，プロジェクター，必要に応じフリーソフトを使用し，普通教室で黒板に直接投影させる実践を紹介します。ICT活用というと，コンピュータ室での授業，電子黒板等特別な機器の使用，準備に時間がかかると感じている方が多いと思い

必要なものはプロジェクターとPCだけ

ます。しかし，特別な準備がなくても活用することは可能です。まずは，教

普通教室での使用例（左：移動式のラックに設置，右：教卓の上に設置）

室にプロジェクターとコンピュータを持って行ってみませんか。それだけで，生徒は「今日の授業ではどんなことをするのだろう」「先生はいったい何をするのだろう」といった期待を抱き，授業への関心・意欲が高まります。

1 ワークシートや教科書の図を共有する

　生徒に配付するワークシートや，教科書の図形を黒板に投影します。生徒の手元にあるものと同じもので説明できるので，生徒の理解の手助けとなります。教科書の図形も，指導書付属のDVDに収録されているPDFファイル等を使うことで準備の時間を短縮できます。

　また，黒板に直接投影させる場面では，投影された図形に直接チョークで必要なことを記入することができます。チョークを消しても画像は残るので，繰り返し同じ図形を使用して考える場面では，図形をかきなおす時間も省略することができます。

投影された図にチョークで記入している様子

2 動きのある板書でイメージをもたせる

　チョークだけでは表現できない連続的な動きを，関数グラフソフトGRAPESを活用することで視覚的にとらえさせることができます。関数のグラフで，点と点の間をどのようにつなぐのか考える場面です。パラメータの値を1→0.5→0.2と小さくしていくことで，点の数を増やしていき，点と

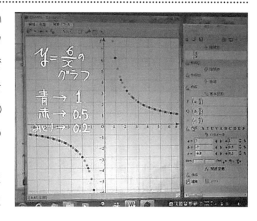

第2章　今日から使える数学の指導技術51　119

点がどのようにつながっていくのか
イメージさせることができます。拡
大機能もついているので、2乗に比
例する関数のグラフの原点付近の変
化の様子を確認することができます。
また、比例定数を変えることもでき
るので、グラフの変化の様子を動的
に確認することができます。

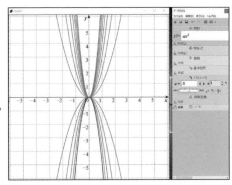

　図形の分野では、動的数学ソフト GeoGebra を使用し作図した図形を変
形させ、条件を変えた図形を連続して示すことで、一般化や定理等を発見さ
せることができます。

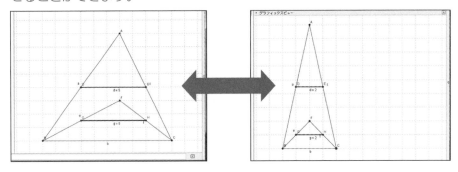

3 コンピュータの活用で処理時間を短縮する

　1年「資料の活用」では、stathist
を利用することでヒストグラムを作成
することができる。黒板に投影させた
状態で、階級の幅や、初期値などの数
値を変えたヒストグラムや度数分布表
を作成することができ、生徒はどこが
変わっていったのか変化の様子を確認
することができます。作成したヒスト

グラムを複数提示し，比較させることも可能です。やり直しも可能で，様々な条件で考えることができます。コンピュータを利用することで処理時間を大幅に短縮でき，生徒の考える時間の確保につながっていきます。

4 生徒の考えを直接共有する

　実物投影機やタブレット，デジカメでワークシートを撮影することで，生徒の書いたものをそのまま拡大して投影できます。また，必要な部分をズームすることも可能で，大事な部分を強調することができます。黒板や画用紙などに書く時間を短縮し，生徒による説明の時間を多く確保することができます。また，写真等で記録しておくことで，他のクラスでの意見も紹介することができるようになり，多様な考えを引き出すことにつながっていきます。

　ここで紹介したいずれの場合でも，ICTだけで1時間の板書をすべてするのではなく，必要な部分にポイントを絞って活用すること，板書の一部として活用していくようにすることで効果的に授業を進めることができると考えています。何より，生徒の考える時間を確保することができるというのが，ICTを活用する一番のメリットです。

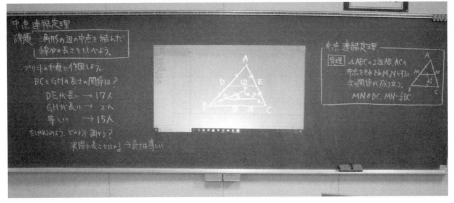

（宮﨑　穣路）

学習形態

スタンドアップ方式を
活用する技術

POINT
- 必ず全員に説明させる
- ペアや班での活動でも柔軟に取り入れる

　全員が立って自由に相手を決めて説明し，説明できたら座ることや，その逆に，問題が解けたら，立って他の生徒に説明をする学習形態を，「スタンドアップ方式」※と名づけました。現在では，ペアや班の活動でも，積極的に生徒を立たせて説明し合うことを取り入れています。自由で積極的なかかわり合いを生むスタンドアップ方式を，2年の図形の授業で紹介します。

1 必ず全員に説明させる

> 線分 AB 上に点 C をとり，正三角形となる△ ACD，△ CBE をつくり，AE，BD を結ぶ。
> △ ACE ≡ △ DCB となることを証明しなさい。

　この問題の解決する鍵となるのは，条件を正しく把握できるかということと，∠ ACE = ∠ DCB となる理由を理解できるかということです。そこで以下のように発問し，スタンドアップ方式で全員の理解・解決を図ります。

> ∠ ACE = ∠ DCB となる理由を，複数説明できるかな？
> 全員立って2つ以上説明し，できたら座ろう。

122

生徒たちは，まわりの生徒や，わかった生徒を自由に決めて，考え，説明し合います。少人数でのインフォーマルな場なので，何度でも聞き返し，説明でき，発見や確かな理解につながります。

気をつけたいのは，相手の説明を聞いて「わかった！」で終わらせず，必ず全員に説明させるようにすることです。

2 ペアや班での活動でも柔軟に取り入れる

教科書の問題や問題集を班で解くような授業でも，以下のように板書に指示を書いて，スタンドアップを取り入れることが増えてきました。

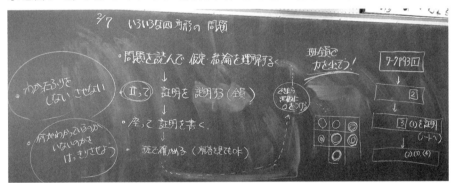

立つことは，生徒同士の物理的・心理的距離を縮め，かかわり合いが活性化します。活動に動きがあるので，授業者が生徒の状況を把握しやすく，どのタイミングでサポートするとよいのかがわかりやすいというメリットもあります。

※武藤寿彰『中学校数学科　学び合い授業スタートブック』(明治図書，2015)　　(武藤　寿彰)

学習形態

コの字型机配置＋４人グループ学習を 活用する技術

POINT

● 「自分もやってみたい」を４人グループで体験させる
● 見方・考え方を深めるときにコの字型机配置を活用する

　「コの字型机配置」の利点は，生徒がお互いの顔を見ながら授業が進められることにあります。ともに学ぶ仲間が視界に入るだけで「自分もがんばろう」という気持ちが少なからず生まれます。さらに，仲間の意見がダイレクトに聞こえてきます。「教師と生徒のやり取り」ではなく「生徒と生徒のやり取り」が生まれます。４人グループ学習である程度の域まで達した内容を，コの字型配置の利点でさらに深めることにポイントを置いた授業展開を計画します。ここでは，３年「関数 $y = ax^2$」の導入として，「ハノイの塔」という有名な題材を使った授業例を基に紹介します。

1 「自分もやってみたい」を４人グループで体験させる

　余計な説明は極力省き，簡潔に以下のルールを説明した後に教師が作業を見せます。発問は作業後に行います。

> 　これはハノイの塔と呼ばれるものです。３本の柱のうち１つの柱に何枚かの円盤が重なっています。この円盤をルールに従い別の柱に移します。ルールは簡単です。「その円盤より大きな円盤を上に重ねることはできない。移動は１枚ずつ」というものです。３枚の場合を示します。

　そう言って，３枚のときの例をコの字型の空いた部分（教室の中央付近）

で見せます。何の説明もせず，黙って作業を2度繰り返します。

> 3枚の移動ができました。ところで今，何回移動しましたか？

　生徒は机で架空の円盤を移動しながら考えます。その様子を確認した後に4人グループをつくり，自作の円盤をグループに配付し，「じゃあ，やってみようか」と促し，作業を始めます。

　「7回だ！」と3枚の回数をクリアしたグループには4枚目を与えます。さらに5枚目，6枚目…と数を増やしていきます。31回の移動を伴う5回目あたりから，余計な移動が伴ったり，回数のカウントがあいまいになったりしてきます（円盤は7枚まで用意してあります）。

2 見方・考え方を深めるときにコの字型机配置を活用する

　ある程度の作業の後に，次のように指示を出します。

> 　実際のハノイの塔は，64枚の円盤からなっています。「ものごとには必ず終わりがある。この64枚の円盤をすべて移動したとき，この世界は滅びるだろう」と言われています。みなさんは今，6枚とか7枚の円盤を実際の作業で移動回数を考えていますが，64枚となるとかなり大変そうです。どうしたらよいでしょう。

　すると，生徒から「規則性があるんじゃないか」「回数を求める式があるんじゃないか」という声が上がってきます。

　生徒にとって7枚の移動は，作業では難しいものになってきます。

　そこで，4人グループでカウントできた枚数までのデータを基に，7枚，8枚…のときの回数を引き続き4人グループで考えさせます。

　この後の展開は，学習レベル（クラス）により異なってきますが，教師は極力結論を述べず，コの字型机配置の状態で，生徒の見方・考え方を，生徒

第2章　今日から使える数学の指導技術51　125

の表現で広げさせていきます。
　生徒の気づきとしては，以下のようなものが考えられます。

①例えば，5枚のときの移動回数を考えるとき，スタートの状態から最も大きな1枚を残した状態までにするまでの回数は4枚のときの移動回数と同じなので，そこから数えれば作業を省略できる。
②移動の回数は，その前の枚数に必要な移動の回数を2倍した数から1をひいた回数である。

　①の事実に気がついたグループがあれば，それは全体で共有すべきものとなります。作業をいったん止め，コの字型机配置に戻して説明をさせます。わかる生徒は「あっ，そうか〜」と反応しますが，理解できない生徒もいます。コの字型机配置の対話のやりやすさを生かし，そこで議論をさせます。
　②に気がついた場合も同様に方向づけます。しかし，実際のハノイの塔の64枚まで（2倍－1）を繰り返すのは時間がかかることに着地させます。

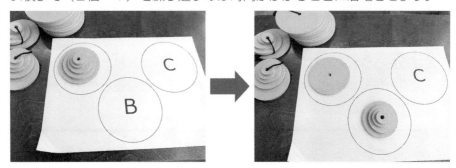

　①の状態（5枚の円盤の移動）　　　　ここまでは「4枚の移動」の回数

　この事実に気がついたグループがあれば，①や②と同様に対話を中心としたやり取りを継続させますが，経験上，次の③が上がることはなかなかありません。

③「移動の回数」は,「２の枚数乗」から１をひいたものである。

　この③こそが,円盤の枚数と移動の回数の間に関数関係があることにたどり着くポイントとなります。これが出てこない多くの場合に,次のように踏み台となるヒントを与えます。

> 　「移動の回数」に１をたした数を並べたときに,何か気がつきませんか?

　この発問の後に,４人グループを再形成します。気がついたグループには円盤の枚数を x 枚,移動回数を y 回として式にさせます。議論を通しても気がつかないグループもあるので,最後にコの字型机配置に戻してまとめます。
　このまとめも,生徒対生徒の対話を意識した展開を行います。

　自分たちで,回数を求める式を立てることができた点では満足を得ることができた作業ですが,実際の64枚の移動回数までは行き着きません。そこで,事実を伝え,授業を終えます。

> 　実際のハノイの塔ですが,移動に必要な回数は $2^{64}-1$ 回になります。これを計算すると18,446,744,073,709,551,615回です。１枚の円盤を１秒で移動できたとして時間に置きかえると…5849億4241千7355年と26日7時間０分15秒（!）になります。地球が誕生して46億年と言われています。大丈夫!　まだまだ地球は滅びません…。

（土屋　純一）

第２章　今日から使える数学の指導技術51　127

学習形態

ジグソー学習を
活用する技術

POINT

- ●教師が説明したいところを生徒に見つけさせる
- ●課題のレベルを見極める

　ジグソー法を行うときには，エキスパート用の課題を複数準備し，さらにジグソーでの課題をつくらなくてはなりません。また，エキスパートの時間を短くしてジグソーの時間やまとめの時間をしっかり取りたいものの，エキスパートに時間を取られすぎ，ジグソーが中途半端で終わることもあります。

　そこで，課題をつくる時間と手間を少なくして，さらにジグソーの時間を長く取ることができる方法を紹介します。

1 教師が説明したいところを生徒に見つけさせる

　2年「図形の合同」の事例で説明します。前時に次のような課題を扱いました。

　右の図で点 O は線分 AB と線分 CD の交点線であり，線分 AB の中点である。

　また∠ CAO ＝∠ DBO のとき，△ CAO と△ DBO が合同であることを証明しなさい。

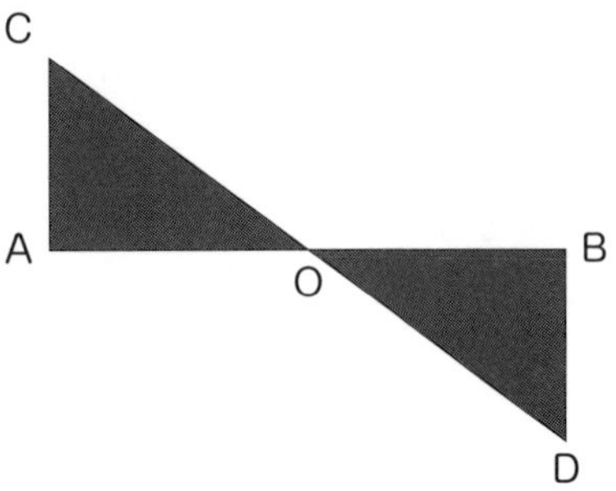

［証明］

△CAO と△DBO において，
仮定より，∠CAO ＝∠DBO…①
点 O は線分 AB の中点なので，AO＝BO…②
対頂角は等しいので，∠AOC ＝∠BOD…③
①②③より，1組の辺とその両端の角がそれぞれ等しいので，
△CAO ≡△DBO

　この学習を踏まえ，本時では，合同である三角形の対応する角が等しいことを利用して，合同な三角形の1組の辺が平行になるということを証明する課題をジグソー法で行います。

エキスパートの元の問題
　右の図で線分 AB と CD のそれぞれの線分の中点 O で交わっている。このとき，
　　AD∥CB
を証明しなさい。

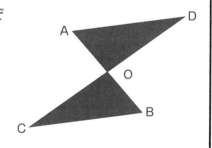

[証明]
△AOD と△BOC において，
仮定より，点 O は線分 AB,CD の中点なので，
AO ＝ BO…①　CO ＝ DO…②
対頂角は等しいので，
∠AOD＝∠BOC…③
2組の辺とその間の角が等しいので，
△AOD ≡△BOC

合同な三角形の対応する角は等しいので，

∠OAD =∠OBC

錯角が等しいので,

AD//CB

　線分 AB と CD のそれぞれの線分の中点 O で交わっているとき,
AD//CB である。

この問題を次のようにします（紙面の都合上省略箇所あり）。

エキスパート問題①（前時のまねをする部分の穴埋め）

次の証明の ☐ 部分を埋めなさい。

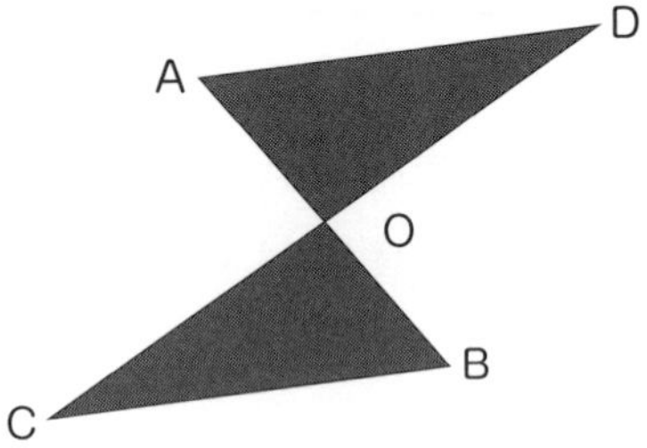

△AOD と△BOC において，仮定より

点 O は線分 AB,CD の中点なので,

☐ …① ☐ …②

対頂角は等しいので,

☐ …③

2 組の辺とその間の角が等しいので,

△AOD ≡△BOC（後略）

エキスパート問題②（結論につなげるために必要な式の穴埋め）

次の証明の ☐ の部分を埋めなさい。

△AOD と△BOC において

（中略）

2 組の辺とその間の角が等しいので,

△AOD ≡△BOC

合同な三角形の対応する角は等しいので,

☐

錯角が等しいので，
AD//CB

エキスパート問題③（平行である理由の穴埋め）
次の証明の □ の部分を埋めなさい。
△AODと△BOCにおいて，
(中略)
∠OAD＝∠OBC
□
AD//CB(後略)

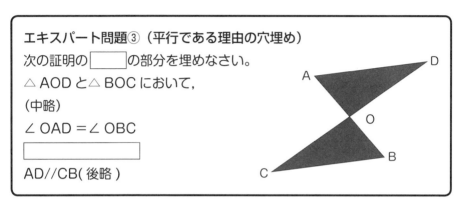

このように，教師が説明したい部分を穴埋めにして自分たちで見つけさせることで，課題解決に必要な視点を身につけさせます。

2 課題のレベルを見極める

ジグソーの問題
　右の図のように合同な正三角形を点Fが辺ABの中点，点Cが辺DEの中点と重なるように2つの三角形を重ねる。このときAB//EDを説明（証明）しなさい。

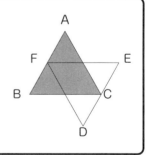

ジグソーの問題は，少し難しいと生徒が感じるぐらいの方が熱中する傾向があります（この課題では，論理立てて2つの線分が平行であることが理解出来ればよいと考えたため「説明」としました）。

（山元　光一）

学習形態

スモールティーチャーを活用する技術

POINT
- わからないことをわからないと言える雰囲気をつくる
- 教えた記録，教えられた記録をノートにメモさせる

　スモールティーチャーを積極的に活用し，「主体的・対話的で深い学び」のある授業を実現したいと考えています。ここでいう「スモールティーチャー」とは，数学が得意な生徒や問題を早く解いた生徒が，教師に代わって数学を苦手としているクラスメイトに教えてあげたり，手助けしてあげたりする学習活動のことです。「そんなことをしたら教室がザワついてしまう」「おしゃべりが始まる」「生徒が立ち歩くと収拾がつかなくなる」などと不安に思うかもしれませんが，効果的に活用すると期待以上の成果が得られます。まず授業の質が変わってくるし，生徒の学ぶ表情も変わってきます。数学が得意な生徒も苦手な生徒も，みんなで学んでいるんだという意識がはぐくまれます。

1 わからないことをわからないと言える雰囲気をつくる

　スモールティーチャーを効果的に活用するためのポイントは，まず生徒にこの活動がいかに大事であるかをしっかりと伝えることです。4月の授業オリエンテーションの際に「授業でがんばってほしいこと」の1つとして話します。

教え合うときは立ち歩いてよいこと，答えが出てもそれを説明できる必要があること，そして，友だちにわかりやすく教えられるとそれが自分の力になっていくことを，スモールティーチャーの活動を通して伝えていきます。

　そのためにも，わからない生徒が素直に「わからない。教えて！」と言える雰囲気，また，早くできた生徒が「自分もスモールティーチャーとして教えたい！」という気持ちになるような雰囲気をつくります。

　また，問題練習や単元のまとめなど，いわゆるグループ学習にして行うような授業で活用するところから始め，徐々に活動の幅を広げていくとよいでしょう。慣れてくると「先生，スモールティーチャーしに行っていいですか？」と生徒が自発的に動き出すようになります。

2 教えた記録，教えられた記録をノートにメモさせる

　ポイントの2つめとして，教えた生徒も教えられた生徒も，授業の振り返りの1つとしてノートに記録させておくと，お互い次回はもっとがんばろうという意欲につながります。教えてもらった生徒が「先生よりも○○さんの説明の方がわかりやすかった！」とうれし

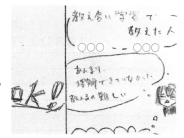

そうに話してきたら，こっちも悔しそうにして「どういう説明をしてくれたのかな？」と聞くとよいでしょう。

　実際，教師よりも友だちの言葉で説明されると理解が深まるという生徒はおり，スモールティーチャーをした生徒も，次回はもっとわかりやすく伝えられるようにがんばろうという気持ちが芽生えます。支え合い，高め合う雰囲気が生まれてこそ，「主体的・対話的で深い学び」が実現するものと考えます。

（柳沢　哲士）

ノート指導

学習内容をすっきり
整理させる技術

POINT
- 授業の流れがわかるノートの使い方を身につけさせる
- 板書を書き写すことを基本とし，後は自分なりに工夫させる

　ノートは，数学を学ぶ意欲を高め，考えをより確かにするために大切です。ノート指導を充実させるためには，教師がノートの機能を正しく理解し，その使い方を継続して指導することが必要です。ここでは，学習内容をすっきり整理するための方法を紹介します。

1 授業の流れがわかるノートの使い方を身につけさせる

　問題解決の過程を意識してノートを整理させることが大切です。板書も「問題→予想→自分の考え」のような順に書くことで，解決過程が明確になります。特に問題は長々と書かせることなく，小さくした問題をプリントして配付するという方法があります。また，自分の予想や予想の人数，他の人の考えなどもメモしていきます。練習の場面では，教科書のどの問題を扱ったのかがわかるように記録させると，復習にも役立てることができます。このようにノートを整理することで，生徒の授業へのかかわり方も見ることができます。

　右の授業記録ノートは，3年の因数分解を指導する場面です。数と式の領域では，形式的に式が羅列されがちです。そこで，このように，式

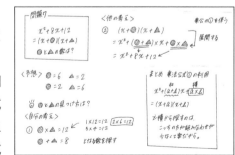

変形できる根拠や乗法公式の仕組みを明らかにすることで，後から振り返ったときに，判断の裏づけとなるのがノートとなれば，確かな理解に結びつくと考えられます。

2 板書を書き写すことを基本とし，後は自分なりに工夫させる

ノート指導の基本は，板書をていねいに書き写すことです。教師が板書を整理することで，おのずと生徒のノートは改善されます。特に，内容の配列や色づかいには配慮すべきです。問題の囲みや課題のマーク，まとめは統一して書くようにします。また，色チョークには系統性をもたせ，文字を書く色や関連性を強調する色などを区別して書くようにします。

学年が上がるにつれて，自分なりに工夫することを伝えていきます。特に思考過程をノートに残すことです。考える基になる既習内容や考える道具となる図や表をかいたり，お互いに話し合ったことをメモしたりすることです。

右の問題と授業記録ノートは２年の一次関数のグラフを指導する場面です。授業では，表に数を順に書き入れ，対応する点をグラフにとる作業を行っています。分数が含まれているため，代入する数を工夫する必要があることを学んでいます。実際に生徒は，板書と教師の話を基に右のように工夫しながらノートを整理しています。「例えば $y = \dfrac{\bigcirc}{4} x + \triangle$ なら？」とメモしていたり，「（x に0を代入するのは）便利」という書き加えがあったりと，自分なりに工夫しながら思考過程が見えるようにノート指導をすることが大切です。

（谷地元直樹）

> ノート指導

思考の過程を
ノートに残させる技術

POINT

● どういう方法や視点で書くとよいかを指導する
● 生徒の記述に教師がコメントを書く

　ノートに自分の考えを書くことは，頭の中にある曖昧なイメージをはっきりさせたり，事象間の関連を見いだしたり，概念化したりすることにつながり，生徒が自分の考えを明確にできる大切な活動です。しかし，生徒の中には，自分の考えをノートに書くことが面倒であったり，書き方がわからなかったりして，教師が考えているような活動にならないことも多いものです。

　そこで，思考の過程をノートに残させる方法についての実践を紹介します。

1 どういう方法や視点で書くとよいかを指導する

　生徒の考えは，授業の途中で変わっていくことが多いため，授業の各場面において自分の考えをノートにメモしておけば，授業を振り返ったときに自分の思考過程を知ることができ，自分の学びを実感することもできるようになります。しかし，考えを書くとなると，何を書いてよいかわからない生徒も出てきます。そのため，どういう方法や視点で書くとよいかを指導することが必要です。

　例えば，次のように指示し，早く終わった生徒には言葉での説明も書くように指示します。

> 　自分の考えを線分図で表しましょう。

136

式で表すのか，言葉で説明するのか，図にかき表すのか，活動したままを書き表せばよいのか，キーワードのみを書くのか…などをていねいに示すことが，書くことへの抵抗を少なくすることにつながっていきます。

2 生徒の記述に教師がコメントを書く

自分の考えをノートに書くことができたら，次は，友だちに自分の考えを伝えたり，友だちの考えを聞いたりする活動を行います。間違いを指摘し合うだけでなく，よりよい考え方になるように協力して考えをまとめる活動をさせます。

授業では，次のような指示をして，自分の考えと友だちの考えの共通点や相違点について考えさせるとよいでしょう。

> 力を合わせて，最もわかりやすい説明をつくりましょう。

生徒の考えは，友だちとの意見交流を通して変わっていくことが多いものです。例えば，「友だちのよい考え方を取り入れて，自分の考えをまとめることができた」などはよく見られる生徒の感想です。そのため，授業の各場面において自分の考えをノートにメモしておけば，自分の思考の変化を知ったり，自分が学んだことを実感できたりします。また，生徒の記述に教師がコメントを書くようにすると，生徒自身では気づかなかった考え方や視点のよさに，生徒自らが気づくようになります。

このように，思考の過程をノートに残させるためには，学び合いの活動や振り返りの活動のときに，ノートの記述が役立ったという生徒の実感が必要です。また，生徒の記述に対して教師がコメントを書くことは，生徒の気づきを引き出す効果があるとともに，生徒と教師の関係づくりにもつながっていきます。

（楳木　敏之）

第2章　今日から使える数学の指導技術51　137

ノート指導

計算などのミスを
生じにくくする技術

POINT

●1人の間違いを全体の学習に生かし，ミスを撃退する
●ターゲットの問題を決めて練習させる
●個人差への対応を準備する

　生徒の計算ミスについては，「計算方法を理解していない」「計算方法を理解しているが，計算の途中でいつもミスが起きる」など，その原因は様々です。そのため，各生徒に自分が起こしやすい計算ミスを自覚させておくとともに，苦手な計算を何度も繰り返し練習できるように工夫することが大切です。

1 1人の間違いを全体の学習に生かし，ミスを撃退する

　生徒の計算ミスを見ると，その原因は様々ではあるものの，共通しているミスも少なくありません。そこで，新しい計算を学習する時期には，次のような手順で指導します。

①計算の手順を明確にして，計算過程をきちんと書くように指導する。
②計算ミスが起きにくい書き方を紹介し，自分の計算方法（記述方法）を工夫するように指導する。
③1人の生徒の計算ミスを学級全体の学習に生かし，ミスが起きにくい計算方法の工夫について生徒たちが共有できるように指導する。

2 ターゲットの問題を決めて練習させる

　計算の習熟場面では，ターゲットの問題を決めて繰り返し練習させること

が効果的です。習得すべき問題を明確にすることで，生徒と教師の目標を一致させるとともに，技能習得に向けた生徒の学習意欲を高めることができます。

　授業では，SP表を活用しながら，生徒の実態を把握し，正答率が低い計算問題を中心に指導します。確認テストは定期的に実施し，苦手な計算を繰り返し練習できるようにします。

　また，右のようなターゲットの問題の正答率を生徒に提示し，前回よりも正答率が向上していることを確認するとともに，繰り返し練習することの効果と必要性を伝えるようにします。

文字式の計算結果 (10月3日現在)			
No.	正答率	No.	正答率
1	100.0%	11	88.4%
2	94.2%	12	79.1%
3	80.2%	13	75.6%
4	79.1%	14	62.8%
5	79.1%	15	73.3%
6	59.3%	16	62.8%
7	98.8%	17	73.3%
8	95.3%	18	62.8%
9	97.7%	19	27.9%
10	68.6%	20	26.7%

問題正答率の例

3 個人差への対応を準備する

　計算の習熟場面では，個人差への対応も準備しておくことが必要です。理解が早い生徒に対しては，発展的な課題を与えたり，ミニティーチャーとして他の生徒を支援させたり，黒板や小ボードに解答を書かせたりする対応が考えられます。また，理解に時間がかかる生徒に対しては，机間指導時のアドバイスや班活動での教え合い，ヒントカードの準備などが考えられます。

　どのような方法がよいかは，生徒の実態によって変わると思いますが，ワークシートの工夫も効果的です。例えば，ワークシートの問題を簡単なものから順に配列し，教師が机間指導時に特定の問題のみを○つけします。ポイントを絞ることで，支援を必要としている生徒を見つけやすくなるとともに，より多くの生徒に声かけの評価を与えることができるようになります。また，形成的評価をその後の授業展開に生かすこともできます。

（楳木　敏之）

> ノート指導

ノートの点検・評価で
意欲を高める技術

POINT

●板書以外に自分の考えが記入されることに価値をおく
●授業記録ノートを通じて他者の工夫に触れさせる

　数学の学習において，生徒のノートが，単なる板書の写し（コピー）であったり，計算のためのメモ書きであったりして，自身の学習に役立つ記録になっていないことが少なくありません。原因として，ノートに記入した内容が自分自身の学習に対して価値づけられていないことが考えられます。

1 板書以外に自分の考えが記入されることに価値をおく

　問いの答え合わせの際，誤った解答をすぐに消去し，正答に変えて○をつけたノートをよく見ます。机間指導で見つけた場合，消去させず訂正方法を直接示す必要があります。その都度，朱入りのノートが学習した内容を振り返る際に自分自身の財産になることを強調します。さらに，個別だけでなく全体の前で訂正方法を提示する必要もあります。実際の誤りを基にすると効果があり，机間指導の際に特徴的な誤答を拾い上げておくことがポイントになります。

　また，誤答だけでなく，途中の計算式などが省略されている場合，色チョークを用いて補い方を示すことで，そのイメージをつかませることができます。

　これらを通じて，単に板書を写す（コピー）だけでなく，余白（欄外）などに，自分自身に必要なことを，メモ書きとして残すことの価値を繰り返し強調します。時には，右の例のように，ふきだしなどを使って自分の考えを

140

わかりやすく記入しているノートを取り上げると，工夫されたノートが学習に対する価値づけとなり，意欲づけにつなげることができます。

　また，板書事項とともに，工夫がなされているものを高く評価することを伝え，そのようなノートを随時紹介することで意欲を高めていくことができます。

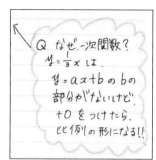

2 授業記録ノートを通じて他者の工夫に触れさせる

　学級で輪番制の「授業記録ノート」をつくります。当番は授業中，自分のノートと授業記録ノートの２つを同時に記入します。自分のノートを取ったら，答え合わせや発表の間に板書事項を授業記録ノートに書きます。この取組は学級の記録を残すと同時に，他者のノートに触れる機会になります。

　優れたノートを教室や廊下に掲示すると，かえって「自分には書けない」という喪失感をもたせてしまうこともあります。一方，授業記録ノートであれば，全員が順に記入するので，玉石混交ながら，自分の番までのノートに直接触れることができ，ノートの取り方の参考にすることができます。

　また，授業記録ノートは，学級の共有財産にもなるので，自分自身のノートとは少し違った意識をもたせることになります。省略してしまうような途中の計算式も，自分の番までの記録ノートに影響を受け，わかりやすい書き方に変わることがあります。

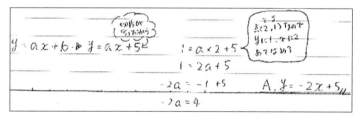

　学級の人数によりますが，年３回程度他者の工夫されたノートに触れさせると，自身のノートへの取組への変容が期待できます。

（和家　祥一）

特別支援

計算ミスが多い生徒への
支援の技術

POINT

- 手続き上のバグを取り除く
- 視覚化して，ワーキングメモリの弱さを補う
- 代替手段を活用する

1 手続き上のバグを取り除く

　生徒や保護者が"計算ミス"と呼ぶ誤りの中には，そう呼ぶことが相応しくないものが混在しています。ある生徒は，3桁×3桁のかけ算はほとんど正解できるので，自分では心配していませんでした。しかし，305×128のように途中の位にゼロを含んだ計算になると必ず誤った答えを出してしまいます。これは，計算手続き上，ある部分の操作を間違えて覚えてしまった結果で，いくらゆっくりやっても，注意深くやっても，決して正解は得られません。このことを，"ミス"ではなく，"手続き上のバグ"と呼んで区別します。この区別に生徒自身が気づいて，修正できる可能性はほとんどありません。教師が見極め，生徒の知識をアップデートする必要があります。

2 視覚化してワーキングメモリの弱さを補う

　発達に偏りのある生徒，読み書きに課題のある生徒などは，ワーキングメモリに弱さが見られることがあります。ワーキングメモリは，計算するという処理に大きく影響しています。繰り上がりなどを一瞬だけ記憶したり，公式を思い描きながら数値を代入したりできるのは，ワーキングメモリが働いているからです。従って，頭の中で複雑な作業を行うほど，その間ワーキン

グメモリの残容量が減るので，より間違える可能性が高まります。もともと容量が少なければ，なるべく無駄遣いを省かなければなりません。

　解の公式に数値を代入することなどは，慣れてしまえば簡単だと思われがちですが，ワーキングメモリの弱い生徒には慣れの問題ではありません。公式をイメージするために消費しているワーキングメモリを，計算の実行に充てられるように工夫することが大切です。例えば，公式を先に書き出しておいて，それを見ながら代入の作業を行えば，ワーキングメモリの負荷が下がって，計算を間違う可能性が下がります。ワーキングメモリの弱い生徒については，公式を繰り返し練習して使いこなすことは求めず，サッと書き出して視覚的な補助のもとで使えるようにすることをおすすめします。

3 代替手段を活用する

　読み書きの障害は少しずつ理解が進んできましたが，算数障害の理解は遅れています。確かに，読み書きに比べて見えにくい障害です。数概念に遅れのあるケースから，数式の機械的操作に困難を示すものなど，状態像は様々ですので，現場では授業のねらいに沿った配慮を考える必要があります。

　「方程式の利用」では，文章題を扱うことで，数量関係を読み取って式にすることがねらいの授業があります。平均などの考え方を利用して，データを役に立つ資料にまとめることがねらいの授業もあります。これらの授業では，手計算の結果がピタリと合うことが目標だとは言えません。このような場合，電卓を活用する方がよほど授業のねらいが明確になります。算数障害のある生徒にとっては，手計算の代わりに電卓を利用するような代替手段が用いられた授業があることで，参加意欲が増します。

　計算ができることは一般的な視点で考えると“基本的なこと”と思われてしまいますが，特別な教育的ニーズのある生徒にとって，必ずしもそれは基本的なことではありません。少し配慮すれば，他にもたくさん学べることがある生徒の可能性を閉ざすことのないよう注意したいものです。

（下村　　治）

> **特別支援**

問題文を読み飛ばしてしまう
生徒への支援の技術

> **POINT**
>
> ● 眼球運動への負荷を軽減する
> ● 本人なりの勝手読みへの対処法を身につけさせる
> ● 書き込み式のワークシートを利用する

1 眼球運動への負荷を軽減する

　問題文を読み飛ばしてしまっているように見える現象も，理由は様々です。まずは，文字通り読み飛ばしてしまう，すなわち，眼球運動の苦手さなどを抱えている生徒には，ひと目で認知しやすい教材を提供する必要があります。具体的には，文字間や行間を広くとること，2段組みにするなど1行の文字数を短くすること，分かち書きをしたり文章にスラッシュを入れたりして言葉の切れ目をわかりやすくすること，などが考えられます。

　このように，眼球運動が苦手であったり，両目のバランスが悪かったりすると，文章を読み飛ばすだけでなく，問題文と図を行き来することなどに負担がかかり，指定された辺や角の探索に時間がかかるなど，本来の学習活動以外のところにエネルギーを費やしてしまいます。

　板書や授業時のプリントなどで図やグラフの中にかかれている線と記号などが重ならないように注意して教材を作成したいものです。

2 本人なりの勝手読みへの対処法を身につけさせる

　問題文を見落としたという生徒がいます。本当は，見落としたというより，いわゆる"勝手読み"をしている可能性があります。勝手読みとは，文章を

途中まで読んだところで，その先を勝手に予想してしまい，読んだつもりになってしまうことです。大人でも，自分が慣れている場面で似たようなことをしてしまうときがありますが，多動性・衝動性の強い生徒は，これが頻繁に起こってしまいます。

　このような生徒に，保護者や教師は，「落ち着いて読みなさい」「最後までよく読んで」などの助言をしがちですが，ほとんど効果はないでしょう。それどころか，本人がどんどん自信を失ってしまい，悪循環に陥ってしまう可能性があります。そこで，「条件が書かれている文章に下線を引きましょう」とか，「何を求めるのかが書いてある文章を四角で囲みましょう」といったアドバイスをして，勝手読みにブレーキをかける具体的な方法を身につけさせることが大切になります。

　また，どうしても勝手読みが止まらないときは，出した答えが問題の趣旨に合致しているのかを点検する習慣を身につけさせることの方が有効な場合もあります。もしかすると，目の前に問題があると勢いよく取り組むというのは長所となり得ることですから，これをつぶさないようにするための支援でもあります。

3 書き込み式のワークシートを利用する

　このように，「見る力」（いわゆる視力ではなく，見たものを正しく認知する力）が弱い生徒は，問題を見誤ってしまうだけでなく，自分が行う解答作業にも支障をきたすことがあります。具体的には，計算で桁を間違ったり同類項を見落としたりする，解答欄を間違えて記入する，といったことが起こります。

　したがって，解答用紙が別になったテストでは大きな負荷がかかってしまい，本人のパフォーマンスを最大限に発揮できない可能性があります。問題と解答欄が近い状態，すなわち，書き込み式のワークシートであれば余計なエネルギーを使わなくて済みます。その方が教師としても，本人の数学の力を純粋に評価できるというよい点があります。

（下村　　治）

特別支援

じっと座って学習することができない
生徒への支援の技術

POINT

- ●活動的な場面を設定する
- ●ゲーム性の高い内容を取り入れる
- ●数学係にする

1 活動的な場面を設定する

体育など実技教科の教師は，多動性・衝動性の高い生徒がいても，授業中あまり気にならないという場合があります。また，座学が多い教科でも，英語では大丈夫ということも少なくありません。逆に，国語や数学は，多動性・衝動性の最も目立つ教科のようです。

英語の時間はなぜ目立たないかというと，じっとしていてはいけないコミュニケーション活動が設定されているからです。

どんな生徒でも，少しの間はじっとしていられます。しかし，一定時間が経過すると，大人でもだんだん体を動かしたくなってくるように，多動性・衝動性の高い生徒は辛くなってきます。そんなとき，授業の中に体を動かしてもよい場面があれば助かります。英語の時間には，歩きながらパートナーを探して会話するほんの数分があります。これによって集中力が戻ってくるので，その後の時間もじっとしていられる可能性が高まります。

また，多動性・衝動性が高くても，好きなことであれば集中できるという生徒もいます。例えば，模型づくりが好きな生徒は，つくっている間はどれだけでも集中しますし，休み時間になったことにも気づかずに続けてしまうこともあります。教科書の巻末についている立体図形の展開図をある生徒に

146

つくらせたところ，数学が楽しくなり，授業が待ち遠しくなったらしく，じっとしていられる時間が長くなりました。もちろん，1回だけでうまくいくわけではありませんので，ときどき本人が好きな活動ができるよう継続する必要はあります。しかし，数学の時間にも，ときどきものをつくる場面があると知ったことで興味がもてるようになり，気分的に安心した結果，落ち着いて授業が受けられるようになったと考えられます。

2 ゲーム性の高い内容を取り入れる

特に衝動性の高い生徒は，勝ち負けにこだわることもあります。クイズ形式ではノリがよかったり，間違い探しには好んで参加したりします。毎時間の導入にこのような楽しみを与えることで，気持ちを授業に向けていくことがよい作戦でしょう。動画を使ったものや，一部を見せてズームアウトしたり一瞬見せてすぐ消したりするクイズなどが，集中を誘うよい方法です。

また，教師がうっかりミスをしたときに，あげ足をとろうとすることもありますが，わざと誤りを含んだ解答を提示して指摘させるなど，特性をよい方向で発揮させるしかけを用いるのもテクニックの1つです。

3 数学係にする

じっとしていられない生徒は，じっとさせようとするより，合法的に動かしてあげる方がよいはずです。ここまで述べてきたように，授業としてのしかけをつくっていくことができればよいのですが，限界もあります。

そこで，裏技というべきかもしれませんが，数学係にしてしまうという方法もあります。"先生のおつかい"であれば，立ち歩くことで叱られることはありません。提出物を回収させたり，プリントを配らせたりすることで，座っていなくてもよい時間がつくれます。職員室にチョークを取りに行かせるなどもよい配慮と言えるでしょう。

「ほんの少しだけ体を動かせば，しばらくは大丈夫」ということを教師が知っていると，支援は非常にスムーズに進むと思います。　　　　　(下村　　治)

第2章　今日から使える数学の指導技術51　　147

【執筆者一覧】

玉置　　崇 （岐阜聖徳学園大学）

大友　正純 （秋田市立勝平中学校）

山崎　浩二 （岩手大学）

田中　真也 （栃木県宇都宮市立一条中学校）

宮本　博規 （熊本市立白川小学校）

五十嵐一博 （元千葉市立葛城中学校）

武藤　寿彰 （静岡市立城山中学校）

瀧ヶ平悠史 （北海道教育大学附属札幌小学校）

鬼澤　美晴 （千葉県香取市立佐原中学校）

田中真樹子 （茨城県つくば市立桜中学校）

中本　　厚 （北海道旭川市立神楽中学校）

三橋　和博 （徳島県那賀町立鷲敷中学校）

菅原　　大 （北海道教育大学附属旭川中学校）

若松　拓郎 （北海道北見市立南中学校）

宇陀　定司 （茨城大学教育学部附属中学校）

浜田　兼造 （さいたま市立大原中学校）

堀　　孝浩 （東京都立富士高等学校附属中学校）

石綿健一郎 （東京都世田谷区立用賀中学校）

小林　俊道 （東京女子学園中学校・高等学校）

伊藤　邦人 （立命館小学校）

宇治野忠博 （宮崎県日向市立富島中学校）

松浦　敏之 （岡山市立芳泉小学校）

田中　義彦 （北海道旭川市立神楽中学校）

渡部　智和 （新潟県弥彦村教育委員会）

鈴木　　誠 （東京学芸大学附属世田谷中学校）

峰野　宏祐 （東京学芸大学附属世田谷中学校）

鈴木　明裕 （岐阜聖徳学園大学）

村井　快彰 （茨城県石岡市立園部小学校）

加固希支男 （東京学芸大学附属小金井小学校）

和田　勇樹 （静岡市立末広中学校）

宮﨑　穰路 （青森県黒石市立黒石中学校）

土屋　純一 （東京都文京区立第九中学校）

山元　光一 （山口県和木町立和木中学校）

柳沢　哲士 （神奈川県横浜市立西中学校）

谷地元直樹 （北海道教育大学旭川校）

楳木　敏之 （熊本市立西原中学校）

和家　祥一 （大阪市立市岡東中学校）

下村　　治 （神奈川県横浜市立洋光台第一中学校）

【編者紹介】

『数学教育』編集部
(すうがくきょういくへんしゅうぶ)

今日から使える
中学校数学指導技術アイデア事典

2018年9月初版第1刷刊 2019年5月初版第2刷刊	©編 者 『数学教育』編集部
	発行者 藤 原 光 政
	発行所 明治図書出版株式会社
	http://www.meijitosho.co.jp
	(企画)矢口郁雄 (校正)大内奈々子
	〒114-0023　東京都北区滝野川7-46-1
	振替00160-5-151318　電話03(5907)6701
＊検印省略	ご注文窓口　電話03(5907)6668
	組版所 藤 原 印 刷 株 式 会 社

本書の無断コピーは，著作権・出版権にふれます。ご注意ください。

Printed in Japan　　　　　ISBN978-4-18-155917-5
もれなくクーポンがもらえる！読者アンケートはこちらから
→

中学校 新学習指導要領の展開 数学編

平成29年版

新学習指導要領の徹底解説と豊富な授業例

永田潤一郎 編著

新学習指導要領の各項目に対応した厚く、深い解説と、データの活用などの新しい授業プラン・数学的活動例を豊富に収録。圧倒的なボリュームで、校内研修から研究授業まで、この1冊で完全サポート。学習指導要領本文を巻末に収録。

Contents

序章　数学科改訂のキーポイント

1章　「第1　目標」
　　　のポイントと解説

2章　「第2　各学年の目標及び内容」
　　　のポイントと解説

3章　「第3　指導計画の作成と内容の取扱い」
　　　のポイントと解説

4章　数学科の新授業プラン

208ページ／A5判／1,800円+税／図書番号：3343

明治図書　携帯・スマートフォンからは　**明治図書 ONLINE へ**　書籍の検索、注文ができます。▶▶▶

http://www.meijitosho.co.jp　＊併記4桁の図書番号でHP、携帯での検索・注文が簡単にできます。

〒114-0023　東京都北区滝野川7-46-1　ご注文窓口　TEL 03-5907-6668　FAX 050-3156-2790

中学校 新学習指導要領 数学の授業づくり

岐阜聖徳学園大学教授
玉置　崇

新学習指導要領を教室の学びに落とし込む！

資質・能力、見方・考え方、主体的・対話的で深い学び、数学的活動…など、様々な新しいキーワードが提示された新学習指導要領。それらをどのように授業で具現化すればよいのかを徹底解説。校内研修、研究授業から先行実施まで、あらゆる場面で活用できる1冊！

もくじ

- 第1章　新しい学習指導要領の捉え方
- 第2章　数学的な見方・考え方を働かせるとはどういうことか
- 第3章　数学的活動を通すとはどういうことか
- 第4章　数学的に考える資質・能力を育成するにはどうすればよいか
- 第5章　各学年・領域の授業づくりのポイント
- 第6章　新しい学習指導要領を具現化するための数学教室づくり

160ページ／A5判／2,000円+税／図書番号：2864

明治図書　携帯・スマートフォンからは **明治図書ONLINE へ**　書籍の検索、注文ができます。▶▶▶
http://www.meijitosho.co.jp　＊併記4桁の図書番号でHP、携帯での検索・注文が簡単に行えます。
〒114-0023　東京都北区滝野川7-46-1　ご注文窓口　TEL 03-5907-6668　FAX 050-3156-2790

＊価格は全て本体価格表示です。

中学校新学習指導要領
数学的活動の授業デザイン

文教大学教授
永田潤一郎
編著

意図的に活動を生み出すための
6つの視点に基づく新しい授業構想

学習指導要領の改訂により、さらにその重要性が増した数学的活動。その数学的活動を位置づけた授業のデザインの仕方に、理論と実践の両面から迫ります。生徒の活動任せではなく、教師が教えることにしっかり関わり、意図的に活動を生み出す授業が実現します。

144ページ／B5判／2,200円+税／図書番号：2058

明治図書　携帯・スマートフォンからは **明治図書ONLINEへ** 書籍の検索、注文ができます。▶▶▶
http://www.meijitosho.co.jp　＊併記4桁の図書番号でHP、携帯での検索・注文が簡単に行えます。
〒114-0023　東京都北区滝野川7-46-1　ご注文窓口　TEL 03-5907-6668　FAX 050-3156-2790

＊価格は全て本体価表示です。